Toda la BIBLIA *en un año* PARA ADOLESCENTES

¡50 LECCIONES
DE GÉNESIS A APOCALIPSIS!

e625.com

Toda la Biblia en un año para adolescentes
Howard Andruejol, Alex Sampedro
Publicada por especialidades625® © 2017
Dallas, Texas Estados Unidos de América.

ISBN: 978-0-9983051-4-1

Biblica LA SOCIEDAD BÍBLICA INTERNACIONAL

Editado por: Virginia Altare
Diseño de portada e interior: Creatorstudio.net

CONTENIDO

"La Escritura entera es inspirada por Dios y es útil"

2 Timoteo 3:16 (NBV)

Estamos muy felices de poner en tus manos esta serie de lecciones de toda la Biblia. Será un recorrido fascinante por la biblioteca de sesenta y seis tomos que permite conocer el carácter de Dios, su obra perfecta y su expectativa hacia nosotros.

En muchas iglesias hemos desarrollado el hábito de la lectura fragmentada del texto bíblico. Si prestas atención, notarás que tanto en las clases, grupos pequeños, predicaciones, devocionales o planes de lectura diaria, por lo general se leen porciones aisladas de la Biblia; y en sí, este no es un problema. ¡Qué bueno profundizar en un pasaje y detenernos a observar los detalles para su aplicación! ¡Es un ejercicio enriquecedor! El inconveniente es solo acercarse al texto así y perderlo de vista en el panorama completo de lo que Dios quiso contarnos.

Haz el ejercicio. Pregúntales a diez cristianos, de cualquier edad, algo tan sencillo como: "¿De qué se trata la Biblia?" y obtendrás doce respuestas diferentes. Pídeles que te expliquen cómo se relaciona el Antiguo y el Nuevo Testamento y posiblemente algunos comenzarán a titubear. Si quieres ir un poco más allá, diles que te expliquen de qué se trata el libro de Adbías y cómo se relaciona con el resto de la Biblia y con nosotros hoy.

Estas no pueden ser preguntas que solamente los seminaristas o pastores puedan responder. ¡Todos los creyentes necesitamos comprenderlas!

La razón es muy sencilla. Imaginemos por un momento un rompecabezas. Quizás pensemos en uno que consideraríamos difícil de armar. ¿Mil piezas? ¿Mil quinientas? Te propongo que tomemos uno de dos mil y hagamos el siguiente experimento: tomaré la caja del rompecabezas y esconderé la tapa que contiene la imagen; luego te pediré que metas tu mano y que de forma aleatoria tomes tan solo diez piezas. Ahora viene la parte interesante: ¿qué tal si te pregunto cuál crees que es la figura de la tapa del rompecabezas? ¿Crees que es posible saberlo? ¡Por supuesto que no! Podrías inventar algo, pero ciertamente no vas a adivinar la figura como tal. Hemos preguntado en muchas iglesias por todo el continente cuáles son los textos bíblicos más famosos y conocidos. Sin equivocación, en todas las ciudades donde hacemos el ejercicio responden los mismos diez versículos. Sí, tan solo diez. Es decir, parece que nuestras nuevas generaciones están creciendo con diez de las 31.130 piezas del rompecabezas bíblico y pretendemos que solo con esas tengan una imagen clara del carácter de Dios, su obra perfecta y su expectativa hacia nosotros. Imposible. Tendrán, sin lugar a dudas, una imagen falsa, incompleta, distorsionada, desfigurada.

Así como es importante apreciar el fino detalle de cada pieza del rompecabezas, es indispensable ver el cuadro completo. De eso se tratan estas lecciones.

Hemos preparado este manual como un recorrido cronológico (en la medida de lo posible) de la revelación de Dios, desde Génesis hasta Apocalipsis. Nuestro anhelo es que, al tener un panorama de los libros bíblicos, tus alumnos experimenten dos reacciones.

La primera, es que puedan decir: "¡Ahora entiendo de qué se trata este libro!". Cada lección será efectiva en la medida en que cada uno de los participantes tenga una mejor comprensión del contenido y propósito de los tomos de la Biblia.

Como verás, ya que esta aventura está diseñada para un año de lecciones, no es posible incluir los sesenta y seis libros en cincuenta de ellas. Ha sido una decisión difícil comprimir, resumir u omitir. Es más, ¡estamos convencidos de que solo Génesis debería tomarnos cincuenta semanas! Nos tranquiliza saber que estamos construyendo una base sólida y que luego seguiremos edificando con estudios específicos de libros. Es por eso que esperamos la siguiente reacción también.

En segundo lugar, al conocer mejor este cuadro general, deseamos que sean motivados a ver los detalles. Si ellos pueden conectar cada libro de la Biblia con la figura completa del rompecabezas será más fácil que cada capítulo tenga sentido. Queremos formar lectores devotos del texto bíblico, estudiosos de la Palabra de Dios. Acompáñalos en este recorrido, ayúdalos a explorar la riqueza de cada pasaje. Toma el tiempo para diseñar series sobre libros específicos de la Biblia, pasaje por pasaje o biografías completas de personajes.

Además de considerar las características madurativas y contextuales de cada edad, en esta serie hemos escogido un lente con el cual ver los libros bíblicos. Con ello subrayamos los grandes temas teológicos y antropológicos de la Biblia.

Cada tomo es único y complementario. Quienes atraviesen el recorrido por estos cuatro libros ¡ciertamente tendrán una idea clara sobre de qué se trata la Biblia! **El tomo para niños está desarrollado alrededor de una identidad fuera de este mundo.** El recorrido bíblico enfocará la revelación progresiva del carácter de Dios. ¿Quién es Él? ¿Cómo se presenta al ser humano? Conocer a Dios nos permite conocer también nuestra propia identidad: ¿cuál es nuestra condición natural? ¿Cómo se manifiesta esta identidad en la conducta? Necesitamos ser rescatados de esta condición, siendo nuestra única esperanza Cristo Jesús. Recibirlo como Señor y Salvador nos regenera. ¿Quiénes somos ahora en Cristo? ¿Cómo se evidencia esa transformación en nuestra conducta?

El tomo para preadolescentes se concentra en una relación incondicional y eterna. El recorrido bíblico enfocará la iniciativa de Dios para relacionarse con el ser humano. Destacará el obstáculo invencible para el hombre del pecado y la victoria definitiva de Cristo. El énfasis está en la fidelidad de Dios para con el hombre -a pesar de nuestra infidelidad-, y la cercanía que nos permite únicamente por medio de Cristo. ¿Qué caracteriza a la relación de Dios con nosotros? ¿Qué debo hacer para vivir esa relación hoy?

El tomo para adolescentes enfoca las decisiones cruciales. El recorrido bíblico se enfocará en la expectativa de Dios, dada nuestra nueva identidad, de una vida de acuerdo con su carácter. Se estudiará la perspectiva divina para tomar decisiones correctas en cada faceta de la vida, el propósito de la santidad y las nefastas consecuencias de la desobediencia. El evangelio no está centrado en nuestra conducta, pero dada la gracia de Dios, glorificarlo es nuestra mejor respuesta.

El tomo para universitarios es misional. El recorrido bíblico enfocará la misión de Dios que busca redimir al ser humano. Se pondrá especial atención a cómo Dios ha tenido un plan para el ser humano en cada momento y cómo lo cumplirá hasta el fin. La salvación está disponible para todos. Nuestra nueva identidad nos envía a explicar este evangelio a toda persona, hasta el lugar más remoto del planeta. Este es nuestro verdadero propósito de vida, vivir en misión aquí y allá, ahora.

En nuestro sitio web, **www.e625.com,** encontrarás material suplementario para las lecciones. Nuestro objetivo es que las conversaciones que surjan en cada lección sean teológicamente profundas y didácticamente creativas.

Por supuesto, todo esto ha sido el trabajo de un gran equipo de personas involucradas en el diseño curricular e instruccional. Al escuchar la idea, muchos amigos se sumaron con entusiasmo a este proyecto. ¡A cada uno gracias por invertir en la formación bíblica de nuestras nuevas generaciones!

Llevémoslos a conocer todo el rompecabezas, a tener una imagen bíblica de la persona de Dios, a entender su plan eterno y la respuesta que Él espera de cada uno de nosotros.

¡Aprendamos juntos!

Howard Andruejol y Lucas Leys
Editores generales.

ÍNDICE DE SÍMBOLOS:

 Preguntas para realizar al grupo o de manera particular a alguno de los participantes.

 Dinámica de grupo para afianzar conceptos. Trabajo en equipo, participativo.

 Notas ¡solo para ti!

 Visita la web e625.com/lecciones para obtener los materiales adicionales.

INTRODUCCIÓN

"Que los árboles no te impidan ver el bosque".

Eso es lo que queremos. A veces enseñamos la Biblia a los adolescentes de manera parcial. Un versículo aquí, un pasaje allá, pero no les mostramos el contexto. Eso no está necesariamente mal. Pero creemos que es importante dar una panorámica general de cada uno de los libros de la Biblia para que no se pierda el sentido del "mensaje" que cada libro pretende transmitir, así como la Biblia en su conjunto.

Esta herramienta que tienes en tus manos te servirá para presentar los libros de la Biblia a tu grupo de adolescentes. En sus páginas encontrarás dinámicas, notas para ti, preguntas para el grupo, etc., para realizar tu sesión de una hora semanal con ellos.

No hemos pretendido ser exhaustivos pero sí pedagógicos y desafiantes. La Biblia no es un libro para ser leído solo como un periódico sino para ser estudiado en profundidad y sobre todo asimilado, digerido. ¡La Biblia nos invita a "alimentarnos" de la Palabra!

Te proponemos una perspectiva general de la Biblia con algunos textos e historias importantes y también algunas no tan conocidas, esperando que, si así lo consideras, los adolescentes puedan ahondar aún más en la Escritura por su cuenta. Sería genial que en esta época de sus vidas desarrollasen una relación vívida y constante con Dios y su Palabra. Es un momento donde deberán tomar decisiones cruciales para su futuro, esperamos ser útiles en ese sentido.

Por ello tendrán cinco devocionales a la semana que podrán realizar leyendo un texto bíblico y respondiendo a las preguntas. Esto les ayudará a afianzar su experiencia de aprendizaje y a aplicarlo de manera práctica a su día a día.

Por supuesto, este material está totalmente conectado a la página **e625.com/lecciones**. De ella podrás descargar todos los recursos extra necesarios para que sigas adelante con tu proyecto de discipulado a las nuevas generaciones.

Gracias por seguir creyendo que Dios transforma corazones, sin importar la edad. Sabemos que tu trabajo no es en vano.

Metodología de "50 lecciones"

Queremos proponerte una metodología de trabajo constructivista en tus sesiones. ¿Qué quiere decir eso?

Lo ideal es que la participación de los adolescentes marque la sesión. Si ellos forman parte, si descubren por sí mismos las verdades de cada libro de la Biblia, lo recordarán muchísimo mejor que si simplemente les "das una lección". La idea es "construir juntos" cada una de las lecciones, que puedan ser parte activa y compartir sus inquietudes contigo y entre ellos.

Tú serás la voz principal y facilitarás el proceso de aprendizaje, harás buenas introducciones y explicaciones pero procurarás la participación de todos. ¡Es genial que ellos mismos se acerquen a la Escritura y descubran sus verdades para sus vidas!

Este libro es para ti, hazlo tuyo. Para preparar la sesión deberíamos dedicarle al menos una hora. No debes decir todo lo que está escrito, atrévete a adaptarlo a tu contexto. ¡Seamos constructivistas desde el comienzo! Subraya, añade lo que consideres, ora, prepara las descargas de **e625.com/lecciones**, ten listos los videos y las dinámicas donde participen los adolescentes.

Cuanto más domines la lección, más libre te sentirás para que todos puedan formar parte, y de eso se trata. Que exista un "espíritu de comunidad" sería genial en este contexto. Que los adolescentes vengan con ganas de volverse a juntar para descubrir e interpretar juntos la Biblia.

¿Por qué es importante el estudio de toda la Biblia?

En la primera sesión es importante que los miembros del grupo se conozcan entre ellos, esto es fundamental la participación de todos. Para ello lanzaremos preguntas y propondremos algunas dinámicas durante el tiempo juntos. Recuerda que el objetivo es que se apasionen por la palabra de Dios y crezcan junto a sus compañeros en una relación viva con Jesús. ¡Ánimo! Procura generar libertad en las participaciones pero recuerda los objetivos pedagógicos de cada sesión e intenta seguir las pautas siendo sensible a las necesidades de tus adolescentes.

De nuevo te invitamos a que leas con anterioridad la lección, subrayes lo más significativo y escribas y añadas aquellas cosas que quieras sumar de tu propia cosecha y estudio personal, para transmitir e inspirar bien, Lo más importante es haber asimilado primero nosotros los conceptos y manejarlos con naturalidad ¡La Biblia sigue transformando vidas!

Descarga en www.e625.com/lecciones material complementario para esta sección.

Biblia del griego "Biblos" (libros o libritos) no es un libro: ¡son muchos! Es una colección única que narra la historia de Dios con su pueblo, con personas de carne y hueso que tomaron buenas y malas decisiones, que cometieron graves errores, pero que también se dejaron guiar por Dios. Hay historias, poesía, creatividad, batallas e historias de amor. No hay un libro en la historia más reproducido ni traducido a más idiomas que la Biblia. Muchos han dado sus vidas durante los siglos pasados y en el presente para que nosotros tengamos la alegría de estudiarla hoy. No desperdiciemos esta oportunidad.

¿Conoces algunas de estas historias y personajes? ¿Qué malas decisiones cometieron? ¿Cuáles fueron sus consecuencias? ¿Por qué crees que están estas historias en la Biblia?

División y estructura de la Biblia

La Biblia cuenta con sesenta y seis libros que se dividen en dos grandes colecciones:

El Antiguo Testamento, con treinta y siete libros, ocupa la primera parte de la Biblia y narra la historia desde los orígenes de la creación, pasando por la formación del pueblo de Israel, su dispersión y su vuelta a la Tierra Prometida, hasta más o menos el 400 a.C. Contiene libros históricos, con varios pasajes legales, sapienciales (de consejos para la vida práctica) y poéticos, y finalmente también tiene libros proféticos.

El Nuevo Testamento consta de veintisiete libros que nos cuentan la historia desde el nacimiento de Jesús, su vida, muerte y resurrección y las consecuencias que tuvo esto en los primeros años de la Iglesia, mientras se extendía su mensaje desde Jerusalén hasta el corazón del impero romano. En él encontramos cartas (es lo que significa la palabra epístola) historia, los cuatro evangelios y el libro de apocalipsis.

Aunque es un libro muy diverso, escrito por muchos autores de distintas culturas y épocas y tras muchos siglos de redacción, la Biblia tiene sentido en forma completa y nos cuenta la historia de Dios, que creó al ser humano libre, para que fuera libre y tomara decisiones siendo responsable de su vida.

Nos equivocamos y eso trajo consecuencias y Dios tomó la iniciativa para salvarnos de nuestras malas acciones y nos enseñó y nos dio la capacidad de volver a tomar buenas decisiones. Una y otra vez la Biblia nos habla de esto.

Durante estas sesiones veremos muchos ejemplos para aprender a formar parte de esta historia que está en la Biblia, ya que también es la historia de cada uno de nosotros.

¿Cuál es tu libro de la Biblia favorito? ¿Por qué?

Mapa mental de los libros de la Biblia (recurso de internet). Ficha para descargar, un mapa de ideas, dos hojas, AT y NT con círculos en el centro y la distribución de los libros por grupos, etc. con aclaraciones. Por ejemplo: Pentateuco, los cinco primeros libros, la Torah.

Una vez realizada la dinámica les preguntamos:

¿Por qué crees que es tan variada la Biblia?

Cuando tomamos decisiones tenemos en cuenta muchas cosas: nuestro interés, si será bueno para nosotros o para los demás, si en el futuro nos arrepentiremos de hacerlo, si es lo que quieren nuestros padres o si nos hará sentir más felices, o cómo nos ha funcionado esa decisión en el pasado. ¿Qué es lo mejor para tomar buenas decisiones?Mira lo que dice Pablo, uno de los últimos autores de la Biblia, en la última carta que escribió, en su testamento vital: 2 Timoteo capítulo 3:14-17.

¿Han traído los adolescentes sus Biblias o apps? Haz que lo busquen ellos mismos.

Pero tú sigue firme en lo que has aprendido, de lo que estás convencido. Ya sabes de quiénes lo aprendiste. Desde tu niñez conoces las Sagradas Escrituras, y éstas te pueden dar la sabiduría que se necesita para la salvación mediante la fe en Cristo Jesús. La Escritura entera es inspirada por Dios y es útil para enseñarnos, para reprendernos, para corregirnos y para indicarnos cómo llevar una vida justa. De esa manera, los servidores de Dios estarán plenamente capacitados para hacer el bien.

¿Para qué sirve la Biblia según este texto? (v.16).

¿Para qué crees que te sirve la Biblia a ti hoy, en tu vida?

Decisiones importantes.

A la Biblia se le llama "La Palabra de Dios" y nos ayuda a ver la vida desde la perspectiva de Él. Por eso es importante que la estudiemos. A través de ella podemos ser salvos, podemos aprender a vivir, a tratar a los demás y a tomar decisiones inteligentes.

¿Y Jesús?

Sí, en la Biblia hay muchos personajes con los que nos sentiremos identificados. Pero…

¿Quién es el verdadero protagonista? ¿A dónde apunta toda la Escritura?

A Jesús. Veremos que Jesús tomó las mejores decisiones y que toda la Biblia, incluso todo el Antiguo Testamento habla de Él. De hecho, por eso se llama Antiguo, porque es antes de Jesús. La decisión de Jesús de obedecer al Padre y amarnos de manera incondicional trajo salvación al mundo. Así que no te pierdas ni un detalle y descubre que la Biblia, ese conjunto de libros, es el libro de Jesús.

Desafío:

Durante estos estudios tendremos tiempo para devocionales durante la semana. Sería genial que los pudiésemos realizar en casa, apartando un tiempo diario (diez a quince minutos) para leer el texto propuesto, responder a las preguntas y luego tener un tiempo para hablar con Dios y responder de manera personal a lo que la Biblia nos dice. Eso puede transformarnos cada día para ¡estar preparados para toda buena obra!

Lección 2 › GÉNESIS

El origen de todo

Génesis, del griego "origen", no podría tener un mejor título: ¡es el principio de todo! Del universo, de la humanidad, de la civilización, del pueblo de Israel, del pecado y el principio del plan de salvación, etc.

El primer libro de la Biblia nos introduce de lleno en la historia de Dios. Es el primer libro del Pentateuco, o la Torah en hebreo, los cinco primeros libros que forman una colección que servía para que el pueblo de Israel tomase buenas decisiones.

 Descarga en www.e625.com/lecciones material complementario para esta sección.

División y estructura.

En el principio creó Dios los cielos y la tierra... Génesis 1:1

Los once primeros capítulos del Génesis nos hablan de la historia de los orígenes.

El capítulo 1 y 2 son dos versiones del mismo hecho: la creación. Nos habla de cómo Dios crea todo lo que vemos y lo que no vemos y cómo crea al ser humano a su semejanza. Lo hizo libre para amar y solo le dio un mandamiento sobre el que tenía que decidir:

...y a la vez le dio esta orden: «Puedes comer del fruto de todos los árboles que hay en el jardín, pero del árbol del conocimiento del bien y del mal no podrás comer, porque el día que comas del fruto de ese árbol, morirás».
Génesis 2:16-17.

Toda decisión tiene sus consecuencias

 ¿Qué decisión debían tomar Adán y Eva y cuáles eran las consecuencias?

Pero en el capítulo 3 viene la tentación y la desobediencia. Tomaron justo del árbol que no debían.

 ¿Por qué quisieron hacer justo lo que sabían que no debían hacer?

¿Te ha pasado alguna vez que justo quieres hacer lo que te prohíben? ¿Por qué?

A partir de ahí el ser humano, que estaba en perfecta armonía con Dios, consigo mismo, con sus semejantes y con la creación, se rompe. Porque nuestras decisiones no solo cambian nuestro entorno: también nos cambian a nosotros.

Y esa es nuestra situación actual, nuestra relación con Dios está rota y también nuestra relación con nosotros mismos: muchas veces no hacemos lo que queremos, nos cuesta decidir lo correcto. Nuestra relación con nuestros semejantes también está estropeada: a menudo nuestras decisiones hacen daño a los demás. Y por último la creación también sufre nuestro libre albedrío.

 ¿Cómo definirías el libre albedrío, la libertad?

A partir de ese momento, Dios se acercará para transformar la vida del hombre.

Y hasta el capítulo 11 de Génesis se nos cuenta las consecuencias de esta ruptura:
-Caín y Abel en el capítulo 4: nuestras decisiones hacen daño o bendicen a otros.

-La historia de Noé hasta el capítulo 10: Dios, a pesar de la maldad humana y su constante deriva salva a Noé y su familia, que decide confiar en Su Palabra.

-La torre de Babel en el capítulo 11: cada uno comienza a hablar idiomas distintos y ya no nos entendemos.

 Aquí puedes hacer una explicación (con la Biblia en las manos de cada uno de los adolescentes). Detente en alguna historia en concreto que creas pertinente en la su situación actual. Si no, simplemente lo mencionas y avanzas.

A partir de aquí se nos contará la historia de cuatro personajes que serán los grandes protagonistas:

 -*Abraham: capítulos 12-25.*

 -*Isaac: capítulos 26-35 (aunque aquí se cuenta mucho de la vida de Jacob).*

 -*Jacob: capítulos 27-36.*

 -*José: capítulos 37-50.*

Descarga la ficha de www.e625.com/lecciones para una visión de conjunto del Génesis, a completar por los adolescentes.

Estos personajes no serán perfectos:

-Abraham, el padre de la fe, que Dios llamó para que saliera de su tierra hacia otro lugar. Obedecía a Dios pero a veces su impaciencia le hizo tomar malas decisiones como tener un hijo con Agar, su esclava. A pesar de todo fue llamado amigo de Dios y tenía muy en cuenta lo que Dios le enseñaba.

-Su hijo Isaac seguirá los pasos de su padre, en muchas cosas buenas, pero también malas. En Génesis 26 vemos que Isaac va a una tierra llamada Gerar y allí engaña a la gente diciendo que su mujer es ¡su hermana!

 ¿Por qué lo hizo? (v.7).
Y ¿sabes qué? Su padre Abraham había hecho algo parecido antes. Lee Génesis 12:12-13.

¿No es alucinante el parecido?

A veces caemos en los mismos errores que nuestros padres. Muchos de nosotros somos hijos de creyentes, y claro, nadie es perfecto. Nuestros padres suelen ser buenos ejemplos, pero nosotros debemos escribir nuestra historia con Dios tomando buenas decisiones. Si alguna vez nuestros padres tomaron una mala decisión eso no es excusa para repetir los errores. Seamos sabios y escribamos nuestra propia historia.

 Aquí, como responsable del grupo, podrías abrir tu corazón y contar alguna anécdota donde decidiste seguir a Jesús.

No debemos vivir de la fe prestada. Nosotros debemos decidir personalmente seguir a Jesús.

 ¿Qué significa para ti decidir personalmente seguir a Jesús?
-Luego la historia de Jacob es una novela de televisión. Era un mentiroso, y usó la mentira muchas veces para salirse con la suya, pero siempre tuvo consecuencias.

 ¿Recuerdas alguna?
La historia de Jacob suele ser muy conocida. No hace falta que te detengas tanto aquí si no lo ves necesario.
Recuerda: seamos sensibles al grupo.

-Y finalmente está la historia de José.

Un joven que se mantuvo íntegro en sus decisiones constantemente, a pesar de que las cosas no le fueron fáciles.

 ¿Qué le pasó a José y qué decisión tomó?

Hacer grupos, de dos o tres adolescentes, uno por texto. Cada uno tiene un momento de la vida de José. Que describan su problemática y cómo la resolvió.

 Textos: (descargar en internet la plantilla de cada uno de los textos).

Fue vendido por sus propios hermanos como esclavo a Potifar, un oficial del Faraón. Y a partir de ahí las cosas no se pusieron mejor:

Génesis 39:1-6.

Génesis 39:7-12.

Génesis 39:19-23.

Génesis 40 (este texto es más largo, dáselo a los más rápidos, ¡jaja!).

Génesis 45:1-14.

Luego cada grupo expone sus conclusiones.

Gracias a estas sabias decisiones de José, Jacob (Dios le cambió el nombre por Israel) y toda su familia fueron a vivir a Egipto y allí se multiplicaron.

Esto dará inicio al siguiente libro: Éxodo.

 ¿Qué has aprendido del libro de Génesis? ¿Te has sentido identificado con alguno de los personajes?

¿Y Jesús?

José se parece mucho a Jesús. Jesús será vendido, entregado y tendrá una muerte como de esclavo. Pero, como José, salvará a su pueblo. Jesús es el ejemplo de obediencia perfecta y de entrega y perdón perfecto a sus hermanos. Siendo el Señor, no castiga sino que busca reconciliar a sus hermanos consigo mismo. ¡Sigamos su ejemplo!

Decide:

Decido pensar sabiamente a pesar de las circunstancias y procurar una relación personal con Jesús siendo responsable de mi propia vida.

 Orar es una buena decisión. Tiempo y dinámica de oración para despedir.

 Quizá haya algunos que quieran orar unos por otros. Esta dinámica podrías hacerla en todas las lecciones o en algunas, recuerda tener la sensibilidad suficiente para ver las circunstancias de los adolescentes.

Recuerda descargar las lecturas diarias "Para profundizar y aplicar" desde www.e625.com/lecciones.

Lección 3 › ÉXODO Y LEVÍTICO

Un pueblo elegido que Dios decidió liberar

Éxodo

La historia del Éxodo es muy conocida por lo tanto, nuevamente, te animo a dar una visión general del tema y enfatizar aquello que consideres más importante.
Casi todo el mundo conoce la historia del Éxodo ("salida" en griego), así que aquí te damos el mapa mental de libro de Éxodo.

Descarga en www.e625.com/lecciones material complementario para esta sección. Recurso en internet: mapa mental para completar

El pueblo de Israel era esclavo en Egipto y Dios decidió (sí, Dios decide, por eso nosotros que estamos hechos a su imagen también decidimos) liberar a su pueblo. Un pueblo de esclavos, los últimos. Se habían multiplicado en aquellas tierras desde que José había hecho traer a toda su familia. ¿Se acuerdan?

Había pasado más de cuatrocientos años desde entonces y ya eran muy numerosos, pero estaban esclavizados. Entonces Dios salvó a Moisés de las aguas siendo un bebé, vivió en casa del faraón y luego tomó una mala decisión: hacer justicia por sí mismo: Éxodo 2:11-15

Huyó a Madián y allí estuvo cuarenta años. Pero Dios le llamó desde la zarza ardiendo. Lo llamó para liberar a su pueblo: Éxodo 3:6-10
Dios nos llama a cada uno de nosotros con un propósito: para bendecir a otros. Moisés puso excusas.

¿Cuáles fueron esas excusas? 3:11, 4:1, 4:10, 4:13.
A veces Dios nos llama a tomar decisiones y nosotros le ponemos excusas; no queremos tener una relación personal con Él porque eso implica también responsabilidades.

¿Qué excusas le solemos poner a Dios?

Te invito a que aquí tomes el tiempo necesario. Pon algún ejemplo tuyo y fomenta la participación. ¡Somos los reyes de las excusas!

Finalmente, Moisés fue y después vinieron las diez plagas, ¿Alguien las recuerda?

Aquí tienes la lista:

I - *Las aguas se convierten en sangre (Éxodo 7:14-25).*
II - *Ranas (Éxodo 7:25,8:1-15).*
III -*Mosquitos (Éxodo 8: 16-19).*
IV - *Piojos (Éxodo 8:20-32).*
V - *Terrible peste sobre el ganado (Éxodo 9:1-7).*
VI - *Úlceras y sarpullidos incurables (Éxodo 9:8-12).*
VII - *Tormenta, granizo y fuego (Éxodo 9:13-35).*
VIII - *Langostas (Éxodo 10:1-20).*
IX - *Tinieblas y oscuridad (Éxodo 10:21-29).*
X - *Muerte de los primogénitos (Éxodo 11:1-12; 29-51).*

El faraón dejó ir a Israel. Cruzaron el mar rojo y se dirigieron al Sinaí y allí les dieron los diez mandamientos.

Aquí están:

No hace falta que los leas, úsalo como recurso si lo crees conveniente.

¿Por qué no programan un día para ver la película "El príncipe de Egipto"? Es un clásico (¡y cantan Mariah Carey y Whitney Houston!) y así no tendrás que explicar tanto la historia.

Dibuja: ¿cómo te imaginabas a Dios cuando eras pequeño? Luego lo compartes con los demás.

Puede ser un tiempo divertido y profundo de teología propia ;)

Mientras esperaban a Moisés, decidieron construir un becerro de oro, de acuerdo a lo que ellos entendían que era Dios.

A veces queremos construir nuestra vida con nuestros propios criterios. Imaginamos a Dios a nuestro gusto, y decidimos por nosotros mismos sin tener en cuenta lo que Dios nos dice por nuestro bien.

Mira la lista de los diez mandamientos. Se resumirían en:

1) Amar a Dios sobre todas las cosas.
2) Amar a tu prójimo como a ti mismo.

 ¿Dónde encajarían cada uno de los diez mandamientos dentro de estas dos categorías?

Usa material de apoyo de la Web e625 de los diez mandamientos y ubícalos dentro de las dos categorías.

La vida se construye en base a decisiones. Nuestras decisiones construyen nuestra vida.

Dios dejó unas directrices para construir el tabernáculo. El tabernáculo, "el lugar de la cita con Dios", era donde se podían comunicar directamente con Él. Pero no solo nos enseña cómo construir el lugar donde relacionarnos con Él sino también cómo acercarnos correctamente.
Ahí entra el libro de:

Levítico

La tribu de Leví era la encargada de servir a Dios y al resto de las doce tribus para que pudieran relacionarse con Dios en el tabernáculo. Todo el libro de Levítico habla sobre esto. Miremos su estructura:

 Descarga en www.e625.com/lecciones material complementario para esta sección.

Aprendamos del ejemplo de este libro de Levítico y construyamos nuestra vida de acuerdo a la manera que Dios tiene de hacer las cosas, no a la nuestra.

¿Qué pasaría si construyéramos una casa sin hacer caso a los planos del arquitecto? ¿Confiarías en esa casa? ¿Entrarías?

¿Qué pasaría si construyéramos nuestra vida sin hacer caso a los planes del "Arquitecto"? ¿Confiarías en esa vida? ¿Entrarías en esa vida?

El libro de Levítico está lleno de sacrificios. Suena raro al principio, pero a lo largo de estas semanas veremos que las decisiones, todas las decisiones, tienen consecuencias. Levítico es un intento de cubrir los errores en las decisiones de la gente, pero apuntará a otra cosa. ¿Adivinas a qué?

Levítico, con sus mandamientos y su historia, nos invita a entender que Dios nos puede liberar de nuestra esclavitud para que aprendamos a vivir a su manera. Él ha decidido salvarnos pero para algo: para seguirle, como a la columna de fuego en la noche, y también para amarle a Él y amar al prójimo como a nosotros mismos, que es un resumen de los diez mandamientos. ¿Estamos dispuestos a decidir de acuerdo a su Palabra y no construir nuestra vida como la canción de Sinatra "A mi manera"?

El libro de Levítico está lleno de sacrificios. Suena raro al principio, pero a lo largo de estas semanas veremos que las decisiones, todas las decisiones, tienen consecuencias. Levítico es un intento de cubrir los errores en las decisiones de la gente, pero apuntará a otra cosa. ¿Adivinas a qué?

Levítico, con sus mandamientos y su historia, nos invita a entender que Dios nos puede liberar de nuestra esclavitud para que aprendamos a vivir a su manera. Él ha decidido salvarnos pero para algo: para seguirle, como a la columna de fuego en la noche, y también para amarle a Él y amar al prójimo como a nosotros mismos, que es un resumen de los diez mandamientos. ¿Estamos dispuestos a decidir de acuerdo a su Palabra y no construir nuestra vida como la canción de Sinatra "A mi manera"?

¿Y Jesús?

Sí, Jesús será la respuesta final a los sacrificios. Él pagará las malas consecuencias de nuestras malas decisiones, de nuestros errores y pecados. Él nos sacará de la esclavitud, nos liberará y nos guiará para seguir sus mandamientos. Él es el salvador que Dios mandó para liberar a su pueblo. Él es la roca sobre la que debes construir la casa de tu vida para que no se caiga aunque vengan tormentas. Él será el lugar donde encontrarnos con Dios, y su Palabra es la manera de hacerlo.

 ¿Qué has aprendido del libro del Éxodo y de Levítico?

Decide:

 Recordemos esta dinámica donde los adolescentes pueden escribir en su libreta o tablet, o verbalizar si pueden tomar alguna decisión de acuerdo a lo aprendido hoy.

 Orar es una buena decisión. Tiempo y dinámica de oración para despedir.

 Recuerda descargar las lecturas diarias "Para profundizar y aplicar" desde www.e625.com/lecciones.

Lección 4 > NÚMEROS Y DEUTERONOMIO

¿Quién lee un libro de números y de listas interminables de nombres impronunciables? ¿Para qué? Bueno, no solo hay listas: hay historia, textos legales, milagros, insurrecciones, promesas, advertencias y mucho más.

Números y Deuteronomio (segunda ley, en griego) cuentan la historia de los cuarenta años que el pueblo de Israel pasó en el desierto debido a su desobediencia y (de nuevo) como consecuencia de sus decisiones.

Moisés será el gran legislador pero tendrá que enfrentarse a quejas, críticas, cobardía, rebeldías y muchas cosas que ocurren cuando tu misión es liderar un grupo.

¡Mira la vuelta que dieron!

Descarga en www.e625.com/lecciones material complementario para esta sección.

La vida es un viaje para llegar a alguna parte y a veces sentimos que ese viaje es a través de un desierto. El pueblo de Israel lo vivió en carne propia. Durante esa travesía vivieron muchas circunstancias y Dios habló con ellos de muchas maneras. Así también, tuvieron que tomar muchas decisiones importantes durante el trayecto.

Recuerda compartir el mapa mental de Números y Deuteronomio para que lo puedan ir completando durante la sesión de acuerdo a los puntos y textos que se vayan tratando.

Números

División y estructura

> - *La permanencia en el Sinaí: 1:1-10:10*
> - *La larga marcha hasta Moab: 10:11-21:35*
> - *En las llanuras de Moab: 22:1-36:13*

La permanencia en el Sinaí: 1:1-10:10.

Después de hacer un censo y comprobar quiénes forman parte del pueblo (por eso el libro se llama "Números"), Moisés comparte una serie de leyes y recordatorios, entre ellos la celebración de la Pascua en Números 9.

¿Recuerdas lo que ocurrió en Egipto en la última plaga?

Durante la cena de la Pascua Dios rescató y salvó a los primogénitos a través del sacrificio de un cordero por familia.

¿Significa eso algo para nosotros hoy?

Recuerda conectar a Jesús en estos libros que son especialmente densos. Queremos que vean la importancia del estudio bíblico, ¡aún del libro de Números! Jesús será el sacrificio, nuestra Pascua que nos liberará.

Y entonces la nube de día y el fuego de noche se posaron sobre el tabernáculo una vez que éste se erigió, y partir de ahí, dice Números 9:21, cuando la nube se movía ellos se movían y cuando no se movía ellos se quedaban allí.

La vida en el desierto se trataba de seguir a esa nube. Y cada día debían decidir si confiar en esa nube
(la presencia de Dios) o ir por su cuenta a través del desierto.

¿Qué peligros puede tener ir por nuestra cuenta por un desierto?

Ser cristiano es seguir a Jesús, a su Presencia y confiar en que Él nos va a llevar por sus caminos. ¿Confiamos en Él más que en nosotros mismos?

La larga marcha hasta Moab: 10:11-21:35.

Dios siempre nos provee. En el desierto mandaba el maná pero en Números 11 incluso envió codornices.

No todo es color de rosa, los propios hermanos de Moisés murmurarán por las decisiones que éste está tomando.

¿Qué es la murmuración? ¿Qué peligros tiene?

Y aquí llegamos a un punto muy triste de la historia pero muy importante.

Números 13 cuenta que enviaron doce exploradores a la tierra prometida para que trajeran el informe de lo que veían allí. Entre ellos estaban los jóvenes Josué y Caleb y todos, menos ellos dos, lo vieron como un imposible.
Y a pesar de que Dios les había prometido la tierra, el pueblo se rebeló y no tuvo el valor de decirle sí a Dios. No se decidieron a entrar.

No tomar una decisión es ya una decisión.

La consecuencia de no decidir entrar fue que ninguna de las personas que formaban parte del pueblo en ese momento (excepto Josué y Caleb) entraron en la tierra prometida. ¡Estuvieron cuarenta años en el desierto por esa decisión!

 ¿Qué decisiones posponemos? Por ejemplo: estudiar a última hora para un examen, decir la verdad a alguien en algún momento, reconocer algún error...

Muchas veces posponer una decisión para más adelante es una mala decisión.

Números nos enseña las consecuencias de no seguir el camino de Dios y preferir mantenernos como estamos.

En esta sección también hubo una rebelión, la de Coré, en Números 16.

 ¿Qué crees que es la rebeldía? ¿Cuál fue la consecuencia de esa rebelión? Números 16:31-32.

Muchas veces el decidir ser rebeldes trae juicio a nuestra vida. Quizá no nos damos cuenta en el momento pero el hecho de decidir romper con las personas que pueden cuidarnos y guiarnos nos destruye. ¿Conoces algún caso de rebeldía o algún ejemplo?

En las llanuras de Moab: 22:1-36:13.

Finalmente en la llanura de Moab aparece un personaje curioso: Balaam, quien por interés iba a maldecir al pueblo de Israel por encargo del rey Balac, pero Dios se lo impide y aquí viene la famosa historia del asna ¡que habla! porque Balaam no quería escuchar a Dios.

A veces Dios nos habla a través de otras personas, ¡esto no quiere decir que sean asnos! Pero a menudo estamos tan ciegos queriendo tomar decisiones por nuestro propio interés, que Dios pone personas a nuestro lado para advertirnos.

 ¿Qué personas crees que Dios ha puesto a tu alrededor para ayudarte a tomar buenas decisiones?

Finalmente, después de muchas vueltas, algunas tribus ya se establecieron en el lugar donde vivirían. Y entonces comienza el último libro del Pentateuco, una especie de testamento de Moisés, sus últimas voluntades ordenadas por Dios.

Deuteronomio

En Deuteronomio Moisés constantemente estará exhortándonos a la obediencia. También nos narrará algunas batallas, pero el punto central será la invitación a la obediencia y los peligros y riesgos que supone la desobediencia.

Constantemente estará invitándolos a seguir los mandamientos, de hecho los repetirá en Deuteronomio 5.

Es importante recordar que a todo esto lo dice Moisés (y Dios) por el bien de su pueblo, no por capricho.

En Deuteronomio encontramos frases magistrales que el propio Jesús recuperará.

¿Alguien sabe cuál es el primer mandamiento de todos?

Pues aparece en Deuteronomio 6:4-5 ¡Qué importante es este libro!

Fíjate en Deuteronomio 10:12-13

¿Qué crees que significa esto?

Dios no solo tiene interés en ayudarnos en un área de nuestra vida, Él quiere cuidarnos y guiarnos en todas.

Deuteronomio habla de muchas situaciones: qué hacer con la pobreza, cómo cuidarse de costumbres que no nos convienen, ¡leyes sobre los animales!, sobre la guerra, la economía, la conducta sexual, etc.

En todas estas áreas muchas veces tomaremos decisiones, por eso Dios quiere darnos de su sabiduría en todas ellas.

Al final del libro, Moisés nombrará a su sucesor: Josué. Sí, ese joven que sí se atrevía a entrar, ahora ya no era tan joven pero seguía teniendo el mismo valor.

Entonces en el capítulo 32 Moisés cantó una canción muy larga, más larga que un rap (¿era Moisés cantante?) porque estaba muy agradecido por la fidelidad de Dios, y por eso lo alaba en sus últimos días.

Moisés pudo contemplar la tierra de Canaán y bendijo a cada tribu que había guiado hasta allí.

Finalmente en el capítulo 34 acabó sus días. Mira qué final:

Jamás hubo otro profeta como Moisés, porque el SEÑOR habló con él cara a cara. Y, bajo el mandato de Dios, realizó milagros y prodigios que no han podido ser igualados. Hizo grandes y terribles prodigios delante del faraón y de toda su corte en Egipto, y delante del pueblo de Israel. (Deuteronomio 34:10-12).

No fue perfecto pero aprendió a tomar decisiones guiado por Dios. Espero que todos nosotros queramos seguir su ejemplo.

¿Y Jesús?

Muchas de las cosas que vemos en Números y Deuteronomio apuntan a Jesús: La Pascua, que rescató a Israel por gracia. La nube de día y la columna de fuego de noche que debemos seguir en el desierto. Y Jesús recuperará la importancia del mandamiento más importante que aparece en Deuteronomio 6:4-5.

Decide:

Decido seguir la palabra de Dios y seguirle a Él, no posponer decisiones importantes en mi vida y continuar avanzando hacia donde Él me lleve.

 ¿Qué es lo que más te ha llamado la atención de la lección de esta semana?

 Orar es una buena decisión. Tiempo y dinámica de oración para despedir.

 Recuerda descargar las lecturas diarias "Para profundizar y aplicar" desde www.e625.com/lecciones.

Lección 5 > JOSUÉ

¡También debemos tener iniciativa!

Comienza una nueva etapa. Josué, el nuevo líder, debe enfrentarse a una nueva forma de hacer las cosas. Ya no estamos en el desierto, nos encontramos a las puertas de la tierra prometida y esto va demandar otro estilo de liderazgo, otra cara de la moneda para tomar decisiones.

División y estructura

El libro de Josué se puede dividir en dos partes bastante amplias y un final más corto:

-La primera parte es de acción, de la conquista de Canaán: capítulos 1 al 12

-La segunda parte es de organización, la distribución del territorio entre las tribus de Israel: capítulos 13 al 22.

-Finalmente encontramos las últimas palabras de Josué y la renovación del pacto: capítulos 23 y 24.

 Descarga en www.e625.com/lecciones material complementario para esta sección.

Observa el mapa mental.

Lo primero que encontramos son unas palabras de ánimo que muchos conocen pero que debemos recordar:

Que no se aparte nunca de tu boca este libro de la ley. Medita en él día y noche y obedécelo al pie de la letra. Solamente así tendrás éxito. Sí, esfuérzate y sé valiente, no temas ni desmayes, porque Jehová tu Dios estará contigo en dondequiera que vayas. (Josué 1:8-9).

En primer lugar nos invita a no apartarnos del libro de la ley, es decir, no apartarnos de la manera de vivir que él nos indica. Para Josué era el Pentateuco, para nosotros hoy es toda la Palabra de Dios. Pero no solo leer, sino meditar.

 ¿Qué diferencias hay entre leer y meditar? ¿Por qué es importante meditar?

Pero no solo meditar sino, en segundo lugar, cumplir. La Biblia no ha sido escrita solamente para ser estudiada, sino, como hemos visto anteriormente, para ser obedecida.

El versículo 9 es genial. Nos anima a ser fuertes y valientes. Muchas veces la cobardía nos delata y nos juega malas pasadas. Frente a los retos de la vida será necesario un valor que solo se consigue en la seguridad de su palabra. Y finalmente hay una promesa: … "Jehová tu Dios estará contigo en dondequiera que vayas".

¡Esto es muy fuerte! Antes Moisés seguía la nube pero ahora el Señor, Dios, dice que estará con nosotros, no solamente nosotros con Él, sino Él con nosotros. Si nos mantenemos en su Palabra y la obedecemos y tomamos la iniciativa con valor, Él estará con nosotros. Dios abrió el mar Rojo y ahora debían pasar el río Jordán, pero éste no se abriría hasta que la planta de los pies de los sacerdotes tocaran el agua (Josué 3:13).

A muchos de nosotros nos gustaría que ocurriera al revés, ¿no?: primero que el agua se separe y luego camino. Pero en la vida normalmente debemos andar por fe, tomando decisiones en medio de la incertidumbre, confiando en Dios. Este es el gran reto. Así cruzó Josué el Jordán.

 ¿En qué situaciones debemos mojar la planta de nuestros pies antes de que se separen las aguas? Por ejemplo: qué estudiar, qué amigos tener.

Si tenemos los principios correctos podremos tomar decisiones correctas, y los principios correctos están en su Palabra.

Dios inspiró a Josué en sus batallas; todos recuerdan Jericó, las siete vueltas, los gritos, los espías… (capítulos 2 y 6). Pero hubo muchas otras: Hai (capítulo 8), contra los amorreos (capítulo 10), la de Jabín (capítulo 11)…

Uno se puede llevar la equivocada impresión de que fue algo rápido, una conquista fácil. Pero no, nada que ver. No estuvo exenta de problemas y además duró mucho tiempo.

Seguir a Jesús no va a ser un camino fácil: a veces costará y cometeremos errores, pero debemos ser persistentes. Seguir a Jesús no nos quitará los problemas, su promesa no es esa; su promesa es que estará con nosotros. Siempre. Acompañándonos.

Es alucinante que Señor del cielo y de la tierra decida acompañarnos en nuestras decisiones, eso nos da esperanza para seguir.

Hasta el capítulo 22 Josué se dedicará a organizar el territorio, a instituir las ciudades de refugio y la de los levitas. No todo es avanzar, batallar, vencer, etc. También debemos organizarnos. Si no tenemos una vida organizada es muy difícil continuar.

¡Es algo que también tenemos que decidir! Si simplemente avanzamos sin organizar la vida que tenemos todo terminará siendo un caos. Para poder seguir tomando buenas decisiones es importante organizar y distribuir bien nuestras fuerzas y nuestro tiempo.

¿Cómo tenemos organizados nuestros días? ¿Y nuestra semana? ¿O somos más bien desorganizados?

Muchos perdemos mucho tiempo por culpa de no estar bien organizados.

Ficha de organización.

Descarga en www.e625.com/lecciones material complementario para esta sección.

Cuando miras tu horario, ¿qué piensas? ¿En qué áreas crees que debes mejorar para ser más efectivo?

¿Qué ventajas tiene estar más organizado?

Al final del libro Josué exhorta al pueblo a seguir esforzándose en guardar y hacer todo lo que está escrito en el libro de la ley (23:6) y los desafió a escoger entre los dioses de los otros pueblos y Dios; entre vivir bajo otros principios o los de la Palabra de Dios

Lee Josué 24:14-15.

¿Por qué debían hacerle caso a Josué? (v. 16-18). Dios fue el que los libró, Él es el verdadero Dios, el único que los salvó.

Recordemos que nosotros seguimos a Jesús porque Él nos salvó primero, no para ganarnos su favor, sino porque ya lo tenemos.

¿Y Jesús?

Dios se le apareció a Moisés en la zarza ardiendo. A Josué se le apareció el comandante del ejército del Señor (Josué 5:14). ¿Quién crees que es? Le dijo: "Quítate el calzado", tal como Dios le dijo a Moisés.

Dios acompañó a Josué como su comandante. Aunque Josué tomaba iniciativas, tenía muy claro quién era el que realmente mandaba. Quién era el Señor.

Decide:

Decido tomar la iniciativa de mi vida basado en los principios de la Palabra, ser esforzado y valiente y mantener una relación viva con la Palabra de Dios para ser capaz de seguir a Jesús.

 ¿Qué es lo que has aprendido esta semana?

 Orar es una buena decisión. Tiempo y dinámica de oración para   despedir.

 Recuerda descargar las lecturas diarias "Para profundizar y aplicar" desde www.e625.com/lecciones.

Lección 6 > JUECES

El libro de los héroes imperfectos

Cuando las doce tribus se asentaron en la tierra prometida no tenían un rey en común. Cada tribu funcionaba de forma autónoma y los unía el Arca, el servicio de la tribu de Leví a todas las tribus y las uniones que a veces hacían para combatir en la batalla.

Dios levantaba jueces (del hebreo shofetim) aunque en realidad no deberíamos imaginar a un juez como los de ahora. La mejor traducción sería "héroes". Esto héroes gobernaban temporalmente, eran personas elegidas por Dios para dirigir y liderar al pueblo de Israel y sacarlo de apuros.

La tónica del libro de los jueces es casi siempre la misma.

1- *El pueblo es fiel a Dios, normalmente bajo un buen juez. Al principio bajo Josué.*

2- *Cuando muere el juez comienza la infidelidad, el pueblo se olvida de Dios y toma las decisiones que le parecen.*

3- *Entonces Dios, que respeta nuestras decisiones, los entrega en manos de sus enemigos.*

4- *El pueblo entonces se arrepiente y clama a Dios. Dios levanta a un juez para salvarle.*

 Descarga en www.e625.com/lecciones material complementario para esta sección.

 En el círculo que descargaste se ve esta dinámica de Jueces.

¿Te recuerda a algo esta dinámica? ¿Nuestra vida se parece a esto?
¿Por qué crees que nos pasa?

 ¿Viviremos siempre así?

División y estructura

Y aquí está el mapa mental de Jueces con sus protagonistas:

- *Introducción al período de los jueces: 1:1 - 3:6*
- *Los jueces en Israel: 3:7-16*
- *De Otoniel a Samgar*
- *Débora*
- *Gedeón y Abimelec*
- *Tola y Jair*
- *Jefté*
- *De Ibzán a Abdón*
- *Sansón*
- *Final: 17-21.*

 Descarga el mapa incompleto de www.e625.com/lecciones para que los adolescentes lo trabajen.

No a todos los jueces se les presta la misma atención; así recordamos mucho más a Gedeón, que con trescientos hombres pudo luchar contra los madianitas, pero casi nadie conoce a Tola.

 Esta semana sería genial invitar a cada joven a conocer a uno de los jueces a través de la Escritura.

El último de los jueces de los que se habla en el libro es Sansón. Todos lo conocemos.

Su nacimiento fue anunciado por un ángel. En todo el Antiguo Testamento nadie fue anunciado por un ángel y solo Juan el Bautista y Jesús, en el Nuevo Testamento, tienen este honor… ¡interesante! Nació siendo nazareo, apartado para Dios. El voto nazareo era un voto para dedicarse de manera exclusiva a Jehová.

Todos sabemos que cuando el Espíritu de Jehová venía sobre él, tenía una fuerza sobrehumana. ¡Era todo un héroe, casi un superhéroe, con poderes y todo! Las expectativas puestas en él eran muy altas. Pero todos sabemos cómo acabo. ¿Por qué?

Por sus decisiones.

Al comenzar su historia en Jueces 14:1 vemos que "Sansón descendió…" (NVI). Y este es el resumen de su vida. Tomó un camino en descenso por sus malas decisiones.

Hubo dos peligros en su vida que son los que vamos a estudiar en esta lección y que pueden ser también peligros para nosotros. Leamos el primero:

> *Cuando regresó a su casa y dijo a su padre y a su madre que quería casarse con ella, ellos se opusieron rotundamente.*
>
> *¿Por qué has de casarte con una filistea pagana? ¿Es que no existe en el pueblo de Israel una joven con la que te puedas casar?*
> *—Es que es a ella a quien quiero —respondió Sansón—. Tómala para mí. (Jueces 14:2-3).*

Esta última frase es la clave. Enamorarse no es el problema: la cuestión es por qué Sansón quiere hacerlo. Y la razón es: porque le gusta. Así de sencillo. Como lo siente así, es verdad. Como lo dicta su corazón es lo correcto.

Me recuerda muchas prendas de ropa que llevan ahora los adolescentes: "Sigue tu corazón", "Follow your heart". O como dirían los príncipes a las princesas de Disney: "Haz todo lo que te dicte tu corazón".

¡NO! Grave error. Sin embargo, ¡cuántas veces nos dejamos llevar por lo que nuestro corazón nos dicta! Hoy en día esta filosofía es la que reina: "Si lo sientes, hazlo, es la verdad", pero esto puede acarrear terribles consecuencias para nosotros.

¿Cuántas veces nuestro corazón nos dice un día una cosa y otro día otra?

En otros lugares de la Biblia veremos que nuestro corazón es engañoso, que no podemos confiar en él.

> *Nada hay tan engañoso como el corazón.*
> *No tiene remedio.*
> *¿Quién podrá comprenderlo?*
>
> *(Jeremías 17:9 NVI)*

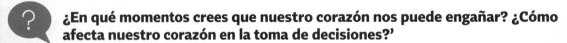

¿En qué momentos crees que nuestro corazón nos puede engañar? ¿Cómo afecta nuestro corazón en la toma de decisiones?'

¿Conoces alguna historia de gente a la que su corazón "lo que le gusta" es su método para tomar decisiones?

El segundo peligro viene de fuera.

En Jueces 14, después de empezar una relación con esa mujer, hace una fiesta. Hacer una fiesta no es nada malo. De nuevo, el problema es la razón de por qué la va a hacer. Leemos en el versículo 10:

Después de eso su padre fue a ver a la mujer. Allí Sansón ofreció un banquete, como era la costumbre entre los jóvenes. (NVI).

¿Por qué lo hizo? Porque esa era la costumbre. Por la presión social, porque lo hacen los demás. Es probable que casi todos aquí tengamos madre. Está comprobado que todas las madres del mundo, cuando sus hijos hacen algo porque sus amigos lo hacen, preguntan:

-"Hijo, ¿y si tus amigos se tiran de un puente tú también lo haces?".

Así son nuestras madres. Pero, aunque nos cueste admitirlo, tienen razón.

Muchas veces tomamos decisiones no porque queramos sino porque nos dejamos arrastrar por la corriente.
Creemos que nuestras ideas, pensamientos, decisiones, etc., son pensadas por nosotros. Pero el 95% de todo eso solo son retuits de personas que lo han pensado por nosotros, de noticias de Facebook, de modas, de estilos de música, de lo que significa vivir… Creemos que somos independientes, pero muchas veces solo seguimos la moda de turno y encima creemos que somos únicos.

¿Qué es un retuit? ¿En qué áreas nos dejamos llevar por lo que hacen los demás?

Estos dos peligros llevaron a Sansón poco a poco a la ruina, casi sin darse cuenta, después de la historia de Dalila que casi todos conocen.

¿Es necesario contarla? Hazlo rápido.

Terminó apresado por los filisteos, ciego, atado a un molino en la cárcel y dando vueltas.

Los filisteos lo capturaron, le sacaron los ojos y se lo llevaron a Gaza, donde fue atado con cadenas de bronce y lo ocuparon para mover el molino y moler grano en la prisión. Pero el cabello no tardó en crecerle nuevamente. (Jueces 16:21–22).

Y así se encuentran muchos amigos que conocemos ¿verdad? O quizá nosotros mismos.

-Ciegos: sin ver lo que tenemos delante, sin saber qué hacer.

-Atados: a cosas que no podemos dejar de hacer.

-Dando vueltas: sin rumbo ni dirección clara en nuestra vida.

Si la historia acabara aquí sería una de las más tristes de la Biblia. Pero no. Dice la Biblia que el cabello le comenzó a crecer de nuevo.

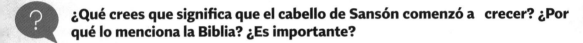 **¿Qué crees que significa que el cabello de Sansón comenzó a crecer? ¿Por qué lo menciona la Biblia? ¿Es importante?**

La idea es que Sansón pudo reflexionar sobre su situación, recapacitar. Dios nunca se rinde con nosotros. Su pelo no era "mágico" pero era el último símbolo que le quedaba de su pacto nazareo.

¿Cómo terminó la historia? Jueces 16:23-31 (especialmente el versículo 30).

Sansón se sacrificó por cumplir con su misión.

¿Cuáles crees que fueron sus mayores errores?

¿Cómo crees que podemos evitar esos errores en nuestras decisiones?

Y Jesús?

Jesús será nuestro héroe definitivo. Él será el juez último que también se sacrificará por nosotros. Su nacimiento será anunciado por un ángel. Y vendrá para salvar a su pueblo. Su superpoder será dar vida y durante su vida dio mucha vida a la gente. Pero en su muerte dio más vida que en toda su vida. ¡Que Jesús sea nuestro héroe! Y un Juez que lejos de juzgar, será juzgado por nuestras culpas.

Escuchar en YouTube Héroe, de Álex Sampedro.

Decide:

Decido ser guiado por la Palabra de Dios y no por lo que dicta mi corazón o la presión social. Orar es una buena decisión. Tiempo y dinámica de oración para despedir.

Recuerda descargar las lecturas diarias "Para profundizar y aplicar" desde www.e625.com/lecciones.

Lección 7 > 1 Y 2 SAMUEL

Terminan los jueces, comienzan los reyes

La época de los jueces llegará a su fin y se levantará el último: Samuel, un profeta que "juzgará al pueblo" pero que por petición de ellos les dará un rey conforme a lo que ellos pedían: Saúl.

Éste terminará por despreciar a Dios y Samuel, inspirado por Dios, ungirá a un nuevo rey: David. Sí, el famoso rey David.

Descarga en www.e625.com/lecciones material complementario para esta sección.

¿Qué recuerdas del rey David?

A pesar de sus luces y sombras, de sus errores, pecados, etc., se nos dirá que era conforme al corazón de Dios.

Estos tres personajes ocuparán el protagonismo de este libro de Samuel distribuido en dos tomos. De ellos
aprenderemos mucho: cómo fueron valientes, guiados por Dios y también cómo se alejaron, cómo volvieron, cómo se equivocaron y corrigieron sus errores. Nos sentiremos muy identificados con ellos.

División y estructura

Descarga de www.e625.com/lecciones la estructura del libro.

Mapa mental

1 Samuel

1. Infancia de Samuel, profeta y juez: 1-7.

Ana no podía tener hijos pero Dios le concedió a Samuel y ella lo dedicó a Jehová. Samuel será un niño criado por Elí, el sacerdote de Dios, en Silo, donde en ese momento se encontraba el arca del pacto.

¿Qué es el arca del pacto?

En 1 Samuel 3:3-4 leemos:

> *Samuel estaba durmiendo en el santuario cerca del cofre, y todavía estaba encendida la lámpara de Dios, el SEÑOR llamó:*
> *—Samuel, Samuel.*
> *—Aquí estoy —contestó Samuel—.*

Al principio pensaba que era Elí quien le llamaba y fue el propio Elí que le explicó que en realidad era Dios.
Samuel aprendió a escuchar la voz de Dios, a distinguirla entre otras voces y a seguirla.

Los hijos de Elí no fueron muy buenos seguidores de su padre y finalmente Samuel fue puesto como juez de Israel y profeta (1 Samuel 7).

Pero…

2. Institución de la monarquía: 8-12.

Israel pidió un rey. Ya no querían jueces. ¿Sabes por qué los israelitas no tenían rey? ¡Porque Dios era su rey!

¿Por qué querían los israelitas un rey? 1 Samuel 1:19.

El elegido fue Saúl. Aparentemente lo tenía todo para ser el rey de Israel. Fue ungido por Samuel y venció a los amonitas, un pueblo que estaba oprimiéndoles.

3. Reinado de Saúl: 13-15.

Pero…

No es oro todo lo que reluce. Saúl desobedeció a Dios, quería hacer las cosas a su manera. Y Samuel tuvo que decirle a Saúl:

> *"¿Se complace el SEÑOR tanto en los holocaustos y sacrificios como en que se obedezcan sus palabras? La obediencia es mucho mejor que los sacrificios. Él prefiere que le obedezcas a que le ofrezcas la gordura de los carneros. Porque la rebelión es tan mala como el pecado de hechicería, y la soberbia es tan mala como la idolatría. Y ahora, por cuanto has rechazado la palabra del SEÑOR, él te ha rechazado como rey".*
> *(1 Samuel 15:22-23).*

¿Qué es lo que le agrada más al Señor? ¿Por qué?

4. Pero David es ungido rey: 16-31.

Una vez que Saúl es rechazado, Samuel, guiado por Dios, unge al más pequeño de la casa de Isaí, David.

Samuel pensaba que el nuevo rey iba a ser alguno de sus hermanos mayores:

> *Pero el SEÑOR le dijo:*
>
> *—No juzgues al hombre por su apariencia. No, no es éste. Yo no escojo como los hombres lo hacen. Los hombres juzgan por la apariencia exterior, pero yo miro el corazón. (1 Samuel 16:7).*

 ¿Qué diferencias hay entre fijarse en las apariencias y fijarse en el corazón de la gente?

 Para tomar buenas decisiones, ¿por qué debemos fijarnos en el corazón y no en las apariencias?David hizo muchas proezas, mató al gigante Goliat y Saúl le tuvo envidia. David tuvo que huir y, aunque era el ungido del Señor, pasó por un proceso donde lo importante no era la posición que ocupaba sino a las personas que servía. Siempre estuvo pendiente de los demás.

En algunas ocasiones pudo hacerle hacer daño a Saúl y no lo hizo porque lo respetaba. Dios trató con David durante un tiempo antes de hacerlo rey.

 ¿Por qué crees que esto es importante? ¿Qué proceso tuvo Saúl para ser rey?

 Aquí es importante señalar la importancia de los procesos y la paciencia en nuestra vida. Los adolescentes se encuentran en un momento de vida donde pueden saber lo que quieren, pero deben enfocarse en la formación y la preparación, saber convivir con la frustración de no poderlo hacer todavía, pero aprender a aprovechar las oportunidades de servicio que se les brinda para cuidar de otros, a pesar de que la situación no sea la mejor.

2 SAMUEL

1. Comienza el reinado de David: 1-8.

Saúl muere, en una situación muy compleja y David se corona rey de Judá. Comienza así segundo libro de Samuel.

2. Reinado de David: 9-20.

A pesar de ser "el rey" más reconocido de Israel (con permiso de su hijo Salomón) David tuvo muchas sombras durante su reinado.

Uno de sus tropiezos más conocidos fue el que cometió con Betsabé.

En el Capítulo 11 leemos la historia.

 Enfócala como mejor te parezca, según las características de tu grupo de adolescentes.

Se nos enseña que David, en el tiempo en que los reyes iban a la guerra, se quedó en palacio. Esto fue quizá el principio del problema. Si nos mantenemos sin hacer lo que debemos hacer es muy posible que tengamos tentaciones que aparecen directamente ¡por aburrimiento!

 Cuando no tienen nada que hacer, ¿qué cosas que saben que no están bien les dan ganas de hacer?

 Si crees que es una pregunta muy directa, una buena herramienta es realizar la pregunta en tercera persona:

 Por ejemplo, cuando un adolescente no tiene nada que hacer, ¿qué cosas crees que está tentado a hacer? :)

Como siempre, las decisiones tienen consecuencias y aunque la misericordia de Dios siempre nos ayuda y nos cuida, los errores pueden perseguirnos, como en el caso de David.

Uno de sus hijos, Absalón, se rebeló contra David y pasó muchos de sus últimos años pagando el precio de no haber cuidado tan bien a su familia como había cuidado a su reino.

Finalmente salió vencedor y pudo regresar a la ciudad de Jerusalén.

3. Salmo 18 y censo: 21-24.

Al final del libro aparece un salmo y un último error de David: hizo un ceso militar. Fue un error porque confió más en la capacidad humana que tenía, en su ejército y su pueblo, que en la ayuda de Dios, que siempre fue determinante en su vida.

La consecuencia fue que vino una mortandad que se detuvo por la misericordia de Dios a las afueras de Jerusalén, en el campo de un hombre llamado Arauna. David compró ese campo y construyó allí un altar.

Ese lugar será en el futuro el lugar donde se construya el templo de Salomón.

Preguntas importantes, decisiones importantes:

¿Dónde te has sentido identificado con la vida de David? ¿Qué aprendemos de sus errores y aciertos?

¿Por qué dice la Biblia que David era conforme al corazón de Dios?

¿Y Jesús?

El pueblo rechazó a Dios como su rey, queriendo a un hombre como rey. Pero en Jesús, Dios hecho hombre será el rey que realmente necesitábamos. Uno de los títulos para hablar de Jesús será "Hijo de David". Solo Jesús será el rey infalible que podrá traer a su pueblo la justicia, la paz y el gozo que necesitamos.

Decide:

Decido no perder el tiempo en mi juventud, aprovecharlo para prepararme y tener paciencia en construir quién voy a ser, sabiendo los peligros que conlleva "mantenerme en palacio cuando los reyes van a la guerra". Ayúdame Señor a no dejarme llevar por la corriente y ser conforme a tu corazón.

Orar es una buena decisión. Tiempo y dinámica de oración para despedir.

Recuerda descargar las lecturas diarias "Para profundizar y aplicar" desde www.e625.com/lecciones.

Lección 9 > 1 Y 2 REYES

¿Quién es el rey?

Salomón lo sucedió a David y construyó el templo, el centro espiritual de la nación. Le pidió sabiduría a Dios para gobernar. Su reinado, de cuarenta años, fue el más próspero del pueblo de Israel. Pero aun siendo el hombre más sabio de la tierra, cometió un grave error: se dejó guiar por su corazón. Tuvo ¡mil mujeres!… ¡a la vez!, y al final de sus días cayó en la idolatría.

Después de su reinado y de algunas luchas, el reino se dividió: Judá al sur e Israel al Norte. Las locuras traen división.

A partir de ahí se sucedieron reyes del norte y del sur, todos muy humanos, para bien y para mal. Los libros de Reyes me encantan porque son reales, hablan de reyes que tuvieron aciertos y errores y en esta sesión veremos lo que hicieron algunos y las consecuencias que esto acarreó.

En medio de estas historias aparecieron dos profetas: Elías en el primer libro y Eliseo, su sucesor, en el segundo. Los dos fueron personajes que protagonizaron muchas de la historias en un momento oscuro de la nación. Los asirios fueron sus enemigos más temidos y crueles y terminaron dominando al pueblo de Dios por su idolatría.

Al final del segundo libro veremos con estupor cómo cae Jerusalén y cómo son deportados a Babilonia, aunque esta no será la última palabra para el pueblo de Dios.

 Repasar la estructura.
Descarga en www.e625.com/lecciones material complementario para esta sección.

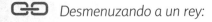 *Desmenuzando a un rey:*

> Hacer equipos de trabajo de dos a cuatro adolescentes, dependiendo del volumen del grupo, y que elijan la historia de un rey de los que sugerimos a continuación (máximo cuatro o cinco equipos). Que lean el texto y completen la ficha que se adjunta en la Web para luego exponerla a todos los demás.

> **Preguntas**: *¿Quién es el rey? ¿Qué sabemos de su familia? ¿Qué buenas decisiones tomó? ¿Qué malas decisiones tomó? ¿Cuáles fueron las consecuencias? ¿Qué clase de relación tenía con Dios?*

Proceso: *lectura del texto - discusión el grupo para completar la ficha - exposición a todos - conclusiones.*

Reyes:

- *Asá - 1 Reyes 15:9-23*
- *Acab - 1 Reyes 16:29-33*
- *Josafat - 1 Reyes 22:41-50*
- *Ezequías - 2 Reyes 18:1-8*
- *Manasés - 2 Reyes 21:1-18*
- *Josías - 2 Reyes 22:1-10, 23:1-8*

¿Qué les ha llamado la atención de esta dinámica? ¿Qué aprendemos de ella?

Elías y Eliseo fueron los profetas que hablaron de parte Dios con algunos de estos reyes que hemos conocido. Muchos de ellos no escucharon su voz pero estos profetas, a pesar de los problemas que enfrentaron, se mantuvieron fieles a su llamado. A través de milagros y señales procuraron advertir a los reyes de las consecuencias de sus malas acciones. Dios no desistió en salvar a su pueblo.

¿Cuáles eran las diferencias entre unos reyes y otros? ¿Podemos nosotros caer también en algún tipo de idolatría y no tener en cuenta a Dios? ¿Cómo?

¿Y Jesús?

Después de tantos ejemplos fallidos e imperfectos y de la deportación a Babilonia, cada vez más se hizo presente la necesidad de un Salvador, un rey, un sacerdote, un profeta, un hijo de David, que restaure a su pueblo. Jesús fue la respuesta a todos nuestros errores y faltas, siendo el rey de "Reyes".

Decide:

Decido no caer en la idolatría ni permitir que "otras cosas" estén en el lugar sagrado que solo le pertenece a Dios, recuperar la guía de su Palabra y dejar que Él gobierne mi vida.

 Orar es una buena decisión. Tiempo y dinámica de oración para despedir.

 Recuerda descargar las lecturas diarias "Para profundizar y aplicar" desde www.e625.com/lecciones.

Lección 10 > JOB

Un diálogo doloroso

En esta sesión es importante que traigan su Biblia en papel, van a manejarla mucho para poder hacer las distintas dinámicas. Recuérdaselo a través de su grupo en alguna red social, WhatsApp u otra.

¿A los malos les pasan cosas malas y a los buenos cosas buenas? Si te comportas bien, ¿todo te irá bien?

¿Por qué hay sufrimiento en el mundo? ¿Por qué lo permite Dios? ¿De quién es la culpa del sufrimiento?

Video de un cuadro impresionista. Solo se ve una parte, una mancha. Algo que parece sucio, hacia el final de la sesión se amplía la imagen y se ve la belleza del cuadro. Esto nos ayudará a explicar que los momentos de dolor no se entienden por sí solos: hay un marco mayor que no somos capaces de entender, pero desde la perspectiva de Dios hay un cuadro que Él está pintando.

Descarga en www.e625.com/lecciones material complementario para esta sección.

Estas son las preguntas que plantea este libro y son algunas de las preguntas más importantes a las que nos enfrentamos. La historia de Job se nos presenta como si se tratara de una obra de teatro. Era un hombre de oriente, justo y recto. Pero vemos en el primer acto que Satán, el acusador, se presenta delante de Dios y acusa a Job de ser justo solo porque todo le va bien y argumenta que si le quitara las bendiciones, renegaría de Dios. Job es puesto a prueba y pierde prácticamente todo: sus bienes, su familia (excepto su mujer), su salud, sus propiedades… Entonces acuden tres amigos suyos, Bildad, Zofar y Elifaz que discutieron con Job por turnos para convencerlo de que todo esto le ocurre porque ha hecho algo malo.

La conversación va subiendo de tono, con interrupciones, diálogos, ataques y defensas. De repente, aparece un joven, Eliú, que parece más sensato que los amigos anteriores y finalmente, de manera sorpresiva, Dios mismo se une a la conversación para explicarse. Al final, Job reconoce a Dios en medio de sus circunstancias y Dios restaura su situación con mucho más de lo que tenía antes.

Mira la estructura de esta obra y el ritmo de la conversación, sus argumentos y su posición.

Introducción: 1:1-5.

Se nos presenta al protagonista, Job, y sus actitudes.

¿Cómo era Job?

Primera y segunda prueba de Job. Aparición de los tres amigos: 1:6 - 2:13.

La narrativa nos lleva a la presencia de Dios, donde se desarrolla la acción

Dios alaba a Job y Satán lo acusa de ser justo por interés. Satán hizo sufrir a Job de diversas maneras y vuelve a la presencia de Dios. Job sigue firme y Satán vuelve a Job para tocar su salud, lo único que le quedaba.

Ocurrió así:

Entonces el ángel acusador salió de la presencia del SEÑOR e hizo brotar en Job dolorosas llagas desde la cabeza hasta los pies. Y Job, sentado en medio de las cenizas, tomó un pedazo de teja para rascarse constantemente. Su esposa le reprochó:

— ¿Persistes en tu vida piadosa viendo todo lo que Dios te ha hecho? ¡Maldícelo y muérete!

Pero él respondió:

—Hablas como una necia. ¿Pues qué? ¿Hemos de recibir de manos de Dios únicamente lo agradable y nunca lo desagradable?
En todo esto Job no pecó ni de palabra. (Job 2:7-10).

Si fueras amigo de Job, ¿qué le hubieras dicho en ese momento?

Llegaron sus tres amigos y estuvieron a su lado en silencio siete días completos, sin decir nada. Entonces…

Primer discurso de Job: 3.

Job lamenta su situación y es sincero en cuanto a sus sentimientos y preguntas:

> ¡Ay! ¿Por qué dar luz y vida a quienes yacen en aflicción y amargura, que suspiran por la muerte, y no llega?... (Job 3:20)

 ¿Por qué crees que es importante ser sincero delante de Dios?

Entonces se da un diálogo entre Job y sus amigos donde básicamente intentan explicar su situación, aludiendo que quizá haya hecho algo malo. Job defiende su posición e intenta dar una explicación a lo que ocurre.

 Cuatro equipos. Cada uno elige uno de los amigos de Job y escoge uno de sus discursos, lo leen y averiguan cuáles son los argumentos y las acusaciones hacia Job. ¿Qué es lo que cree? ¿Por qué cree que le está pasando eso a Job? Que lo respalden mencionando los versículos. (Con Eliú elegir un capítulo)

Aquí aparece toda la discusión, que es el grueso del libro, mira cómo ocurre:

 Imprime la estructura

- *Primer discurso de Elifaz: 4-5*
- *Segundo discurso de Job: 6-7*
- *Primer discurso de Bildad: 8*
- *Tercer discurso de Job: 9-10*
- *Primer discurso de Zofar: 11*
- *Cuarto discurso de Job: 12 -14*
- *Segundo discurso de Elifaz: 15*
- *Quinto discurso de Job: 16 -17*
- *Segundo discurso de Bildad: 18*
- *Sexto discurso de Job: 19*
- *Segundo discurso de Zofar: 20*
- *Séptimo discurso de Job: 21*
- *Tercer discurso de Elifaz: 22*
- *Octavo discurso de Job: 23-24:17*
- *Interrupción de Zofar: 24:18-25*
- *Tercer discurso de Bildad: 25*
- *Interrupción de Job: 26:1-4*
- *Sigue Bildad: 26:5-14*
- *Noveno discurso de Job 27:1-12*
- *Tercer discurso de Zofar 27:13-23*

- Elogio de la sabiduría: 28
- Soliloquio de Job: 29-31
- Intervención de Eliú - cuatro discursos: 32 -37

 Descarga en www.e625.com/lecciones material complementario para esta sección.

 ¿Qué es la empatía?

 En esta sesión aprovecha para trabajar el concepto de no juzgar a los demás por su situación, de aprender a ponerse en el lugar del otro y no ser como los amigos de Job. Es posible que Job no tuviera toda la razón pero la actitud de sus amigos demuestra falta de sensibilidad y criterio a la hora de tratarlo.

 Cuando un amigo o familiar lo está pasando mal, ¿cómo debemos reaccionar? ¿Cómo reaccionamos?

Después de la intervención de todos los amigos Dios mismo interviene:

Respuesta de Dios: 38-41
Dios en persona responderá a Job.

> *¿Dónde estabas tú cuando yo eché las bases de la tierra? Dímelo, si tanto sabes. (Job 38:4).*

La respuesta de Dios es sorprendente. No dará respuesta al sufrimiento de Job sino que hará una afirmación de la sabiduría, la grandeza, fidelidad y otros atributos que posee. Dios da un marco más amplio de la situación haciéndonos ver que no tenemos la capacidad para entenderlo todo.

Muchas veces en nuestra vida ocurren cosas que no terminamos de entender pero la perspectiva eterna nos da esperanza.

 El cuadro impresionista que al principio solo veíamos como una mancha, se convierte en una obra de arte.

Respuesta de Job 42:1-6
> *Había oído hablar de ti, pero ahora te he visto… (Job 42:5).*

Epílogo 42:7-16

La historia termina bien. Dios restaura la vida de Job de muchas maneras: familiar, económica y socialmente. Job ora por sus amigos, vuelve a tener hijas e hijos y sobre todo re-conoce a Dios.

 ¿Qué es lo que más te ha llamado la atención de la narración de Job?

¿Y Jesús?

Lee Job 33:23-28

Aquí haz alusión a la necesidad de un Salvador, un redentor, alguien que pague, que muestre la misericordia de Dios, que nos haga como niños… es puro evangelio.
Job es una poesía, una obra maestra de la literatura que apunta a Aquel que lo perderá todo, siendo justo, para salvar, interceder por sus "amigos" (y enemigos) que le acusaban y finalmente restaurar todas las cosas.

Decide:

Decido poner mi vida en las manos de Dios y confiar en Él en medio de la adversidad y las dudas. Sé que hay cosas difíciles de entender, pero quiero conocer más a Dios y verlo en medio de mis circunstancias.

Para saber más: "El problema del dolor". C.S. Lewis.

 Orar es una buena decisión. Tiempo y dinámica de oración para despedir.

 Recuerda descargar las lecturas diarias "Para profundizar y aplicar" desde www.e625.com/lecciones.

Lección 11 > SALMOS

Poesía y creatividad

El libro de los salmos, Tehilim en hebreo, está lleno de creatividad. Cualquier compositor querría que sus canciones se siguieran cantando miles de años después; los que compusieron los salmos lo lograron.

Además es un libro importantísimo, ni más ni menos que el más citado por Jesús en los evangelios. A nosotros no nos ha llegado la música, cómo sonaba, aunque nos quedan algunas indicaciones en la Biblia de cómo cantarlas, basadas en melodías populares de la época.

Lo que ha trascendido ha sido la lírica, la letra, el contenido, que sigue inspirando a millones de personas a vivir en una relación con Dios viva y real.

 Descarga en www.e625.com/lecciones material complementario para esta sección.

¿Recuerdas alguna canción o letra de canción que sea de un salmo?

División y estructura

Salmos está dividido en cinco libros. Cada uno de ellos termina con una doxología, un himno de alabanza a Dios.

Aquí tienes la estructura de los salmos:

-Libro 1: *Capítulos 1-41*
-Libro 2: *Capítulos 42 -72*
-Libro 3: *Capítulos 73 -89*
-Libro 4: *Capítulos 90 -106*
-Libro 5: *Capítulos 107 -150*

 ¿Cuáles crees que son los temas de los que tratan los salmos?

 Uno de los objetivos es que veamos la riqueza de los salmos y cómo no se reducen simplemente a alabanzas a Dios, sino que hablan sobre muchas realidades que afectan al ser humano.

 Ver en YouTube el video del encuentro de Bono con Eugene Peterson.

Puedes poner todo el video (son unos veinte minutos) o parte de él, según lo consideres de acuerdo a los objetivos de tu sesión y al grupo al que estás liderando.

¿Qué les parece el video? ¿Qué es lo que más les ha llamado la atención?'

¿Por qué crees que es importante estudiar los salmos hoy?

¿Ves alguna diferencia entre las canciones que cantamos ahora en nuestras congregaciones y los salmos? ¿Cuál?

Tipos de salmos:

Existen muchos tipos de salmos, no solamente de alabanzas, como el 103. También hay de acción de gracias (18), de oración (90), salmos de arrepentimiento (51), salmos históricos (108), salmos que enfatizan el Reinado de JHVH (24), salmos de confianza (130), mesiánicos (2), de sabiduría (119) y otros más complejos como los imprecatorios o de maldición (109), que reflejan la realidad que sienten los salmistas en ese momento.

Puedes hacer que los busquen y los lean y vean las distintas temáticas y la riqueza y variedad de los salmos.

¿Crees que hoy somos tan sinceros como los salmistas en nuestra comunicación con Dios? ¿Por qué?

La creatividad en los salmos es genial. Para los hebreos la rima estaba en las ideas, usaban muchos paralelismos o juegos de palabras. Entendían que la creatividad y la belleza eran también un regalo de Dios y hacían poesía de acuerdo a ese Dios que tenían.

Como has podido comprobar, eran extremadamente sinceros: se mantenían lejos de la religiosidad y expresaban lo que pensaban, con temor de Dios, sí, pero sin hipocresía.

¿Qué tan sincera crees que es nuestra relación con Dios hoy? ¿Qué podemos hacer para vivir nuestra relación con Dios como los salmistas?

¿Y Jesús?

Como hemos mencionado antes, el libro de los salmos es el más citado por Jesús. Muchos salmos hablan de Jesús y tienen su cumplimiento en Él, y muchos de ellos solo se entienden si se ponen en sus labios y a la luz de su vida. Es por Él que podemos cantar, alabar y expresarnos con confianza delante de Dios. Por eso el libro de los salmos es el libro de las canciones de Jesús.

Decide:

Decido vivir la realidad del libro de los salmos y acercarme con confianza a expresarme delante de Dios con sinceridad y reverencia. Decido ser creativo para reflejar el Dios Creador que tenemos, y que el arte que hacemos esté a la altura del mensaje del evangelio que representamos.

 Orar es una buena decisión. Tiempo y dinámica de oración para despedir.

 Recuerda descargar las lecturas diarias "Para profundizar y aplicar" desde www.e625.com/lecciones.

Lección 12 › **PROVERBIOS**

Sabiduría en 140 caracteres (más o menos)

Consejos prácticos. Para ahora, para mí. La fe en Dios no es una idea teórica que no afecta en absoluto a nuestra vida diaria, a nuestras decisiones. Todo lo contrario, es eminentemente práctico. La Biblia propone una "manera de vivir" no una serie de dogmas solamente.

Proverbios es ese increíble libro que te puede ayudar a tomar muy buenas decisiones en prácticamente todos los ámbitos de la vida: desde la sexualidad, la economía, las relaciones interpersonales y comerciales, pasando por el trabajo y el descanso, el estudio, la familia, etc. Cubre multitud de temas y de una forma muy viral, adelantándose a esas frases de Facebook que se comparten por toda la red como la pólvora, Proverbios propone frases cortas, pareados fáciles de recordar, tuits de sabiduría que ayudan de manera práctica a "ser sabios".

 Descarga en www.e625.com/lecciones material complementario para esta sección.

 Qué crees que es la sabiduría?

La sabiduría no es tener mucha información, se trata más bien de aprender a vivir. Y esta es la propuesta de Proverbios: el arte de vivir, el principio de la sabiduría para tomar mejores decisiones.

 ¿Qué es lo contrario a la sabiduría? ¿Por qué es importante ser sabio en la vida?

 ¿Hay algún proverbio que recuerdes? ¿Cuál? ¿Por qué?

 Puedes compartir algún versículo de Proverbios que te haya ayudado personalmente a ti e invita a los adolescentes a hacer lo mismo.

División y estructura

Se divide en diversas colecciones, algunas muy largas y otras más bien cortas.
Su estructura es muy sencilla:

- *Introducción: 1:1-7*
- *Primera colección: Poemas 1:8 - 9:18*

- Segunda colección: Proverbios de Salomón 10:1 - 22:16
- Tercera colección: Palabras de los sabios 22:17 - 24:22
- Cuarta colección: Dichos de los sabios 24:23-34
- Quinta colección: Proverbios de Salomón 25:1 - 29:27
- Sexta colección: Palabras de Agur 30:1-33
- Séptima colección: Palabras del rey Lemuel 31:1-9
- Apéndice: Elogio mujer virtuosa. 31:10-31

Leamos los siete primeros versículos:

Proverbios de Salomón, hijo de David, rey de Israel: para adquirir sabiduría y disciplina, para ayudar a comprender las palabras inteligentes; para recibir instrucción, prudencia, justicia y equilibrio; para infundir sagacidad a los inexpertos, conocimiento y madurez a los jóvenes. El que es sabio y los escucha, adquiere mayor sabiduría, y el entendido recibe dirección para entender los proverbios, los dichos de los sabios y sus enigmas. Lo primero que hay que hacer para empezar a ser sabios, es honrar al SEÑOR. Sólo los necios desprecian la sabiduría y la disciplina. (Proverbios 1:1-7).

 Según este texto, ¿para qué sirven los Proverbios? (al menos para cinco cosas)

 "Invéntate un problema".
Formemos hasta siete equipos con los adolescentes. Cada uno elige una colección de proverbios y escoge tres proverbios de esa colección. Debemos inventar un problema, una situación donde ese proverbio que hemos elegido nos sirva para tomar una buena decisión. Luego cada equipo elige el mejor y lo exponen a todos los demás.

 ¿Se atreven a tuitear, poner en su Face, Instagram u otra red social, alguno de los proverbios que hemos trabajado en esta sesión? ¡Hagámoslo!

Preguntas importantes, decisiones importantes:

Proverbios es un libro para vivir. Sin la sabiduría tomaremos casi siempre decisiones erradas en nuestro día a día. Por eso es tan importante estudiarlo e incluso memorizar los que pueden serte más útiles.

 ¿Qué clase de proverbios te gustaría memorizar? ¿De qué temas te serían útiles? Por ejemplo, de relaciones con amigos, de economía, de gestión de tiempo, de decisiones, de familia…

¿Y Jesús?

Jesús es sabiduría de Dios. Él es su Palabra entre nosotros. Sus frases perduran hasta hoy. Su vida es la mejor "oración" que se ha hecho nunca. Si quieres tener los mejores consejos, conocer a Jesús, ser como Él, es lo mejor que puedes hacer.

Decide:

Decido examinar los consejos de Dios para vivirlos de manera práctica en mi vida, porque sin los consejos, sin su Palabra, no tengo la sabiduría suficiente para tomar las mejores decisiones. Jesús, ayúdame a vivir Proverbios 1:7 NVI: "Lo primero que hay que hacer para empezar a ser sabios, es honrar al SEÑOR". ¿Lo memorizamos?

 Orar es una buena decisión. Tiempo y dinámica de oración para despedir.

 Recuerda descargar las lecturas diarias "Para profundizar y aplicar" desde www.e625.com/lecciones.

Lección 13 > ECLESIASTÉS Y CANTAR DE LOS CANTARES

El predicador y el enamorado

Aquí te proponemos estudiar dos libros. De acuerdo a tu grupo, su dinamismo y características, te recomendamos centrarte en uno de ellos y ver el otro más a vista de pájaro. También puedes prepararte para hacer los dos. Ora y decídelo tú. ¡Qué Dios te dé sabiduría y amor! :)

Descarga en www.e625.com/lecciones material complementario para esta sección.

Eclesiastés

Introducción

Eclesiastés, "Qohelet", el predicador. Este discurso es extremadamente sincero. Una reflexión acerca del propósito de la vida. No siempre las cosas salen como esperas y es difícil definir el propósito de la vida. Parece que todo es vanidad, "vano", que no tiene sentido. ¿Es eso verdad? Serán pensamientos sinceros lo que encontraremos en este libro. Es como el otro lado de la moneda de Proverbios. A veces a los buenos las cosas no les van bien…

¿Qué piensas de esa afirmación?

Nos dará muy buenos consejos: cómo disfrutar la vida, cada momento de ella temiendo al Señor, es decir, respetándolo. Eclesiastés quiere que buceemos en el sentido de la vida, teniendo en cuenta todo lo que ocurre y quiénes somos.

División y estructura
La experiencia del Predicador. 1:1 - 2:26.

¿Qué significa que algo no tiene sentido? Eclesiastés 1:1-11

¿Para qué crees que estamos aquí? ¿Para qué hemos nacido?

En el capítulo 2:

¿Qué es lo que hace el predicador? ¿Por qué?

En este pasaje el predicador expone el problema pero no las soluciones. Debemos hacer entender a los adolescentes que esta es la realidad de mucha gente y que, sin Dios, cualquier decisión carece de sentido. Esta es la propuesta. Hagamos que quieran descubrir la conclusión al final, que no se queden solo con el capítulo 2

¿Conoces amigos que han hecho algo parecido? ¿Que hayan experimentado para ver de qué se trata la vida? ¿Cómo lo han hecho?

Juicios del predicador entorno a la existencia y el comportamiento humano. 3:1- 12:8.

En este apartado desarrollan muchas ideas:

En el capítulo 3 nos habla de que todo tiene su tiempo: 3:2-8

En el capítulo 4, 5 y 6 desarrolla conceptos como el desarrollo del trabajo, el no hacer compromisos a la ligera, la vanidad de la vida.

Eclesiastés 5:4-5 ¿Qué significa esto? ¿Cuándo corremos el peligro de que nos ocurra?

A veces los adolescentes toman decisiones, las verbalizan, pero no son consecuentes. Animémoslos a pensar y reflexionar bien antes de tomar decisiones a la ligera y comprometerse, pongamos ejemplos.

En el capítulo 7 en adelante recupera el concepto de sabiduría que desarrollará hasta el 12.

Eclesiastés 9:10: ¿a qué nos anima este versículo? ¿Es eso sabio? ¿Qué sería hacer lo contrario?

Leamos Eclesiastés 11:9 hasta 12:8.

¿Qué quiere enseñarnos este texto?

Hagamos dos o tres equipos para estudiar el texto y extraer consejos prácticos para nuestros amigos. ¿Cómo lo diríamos con nuestras propias palabras? Luego las ponemos en común.

Conclusión. 12:9 - 14

En el versículo 13 y 14 está la conclusión de todo el discurso.

¿Cuál es? ¿Te recuerda a Proverbios que vimos la semana pasada? ¿Por qué?

Cantar de los Cantares

"La mejor canción de todas, el poema más sublime", ese sería el sentido del título de este libro, que en realidad es un compendio, una colección de canciones de amor.

Durante siglos se le ha dado distintas interpretaciones. El pueblo judío lo veía como un libro que festeja y celebra la alegría de los esposos unidos por un amor de pareja, y también metafóricamente del amor de Dios hacia su pueblo. También, en el ristianismo, se entendía como el amor de Dios, de Jesús, el novio, por la Iglesia.

Pero estas interpretaciones, aunque válidas, no nos deben hacer olvidar que al final es una colección de canciones de amor de pareja. Porque Dios es el Dios que es amor, es el Dios del amor. Incluso el Dios del amor de pareja.

¿Qué creen que piensa Dios del amor de pareja? ¿Es bueno? ¿Malo? ¿De qué depende?

Incluso habla de sexualidad y sí, es un libro de la Biblia.

¿Crees que a Dios le importa nuestra sexualidad? ¿Por qué?

El libro de los cantares es muy gráfico, habla de besos, elogios, etc. Siempre dentro del compromiso mutuo.

Aprovechemos esta sesión para hablar de lo importante de la pureza, de que el Señor está enamorado de nosotros, de que el evangelio es en esencia una relación de amor. También de cómo debemos cuidarnos unos a otros y aprovechar nuestra soltería para agradar a Dios. Quitemos el concepto de que la sexualidad es mala y propongamos vivirla de manera saludable a la luz de la Palabra.

División y estructura

Después del título, versículo 1, Cantar de los cantares se divide en seis cantos según esta estructura:

- *Primero: 1:2 - 2:7*
- *Segundo: 2:8 - 3:5*
- *Tercero: 3:6 - 5:1*
- *Cuarto: 5:2 - 6:3*
- *Quinto: 6:4 - 8:4*
- *Sexto: 8:5 - 14*

En el último cantar encontramos este versículo que se usa en muchos compromisos y bodas:

Grábame como un sello sobre tu corazón. Llévame como un tatuaje en tu brazo, porque fuerte como la muerte es el amor, y tenaz como llama divina es el fuego ardiente del amor. (Cantar de los cantares 8:6).

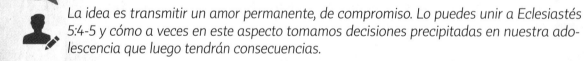

¿Cómo definirías el amor? ¿Cuál es el mayor amor que podemos mostrar a otra persona?

¿Qué significa que lo lleve como una marca sobre su brazo?

La idea es transmitir un amor permanente, de compromiso. Lo puedes unir a Eclesiastés 5:4-5 y cómo a veces en este aspecto tomamos decisiones precipitadas en nuestra adolescencia que luego tendrán consecuencias.

Recordemos bañar este tema siempre con mucha misericordia.

Si sigues desarrollando este tema, conéctalo con 1 Corintios 13 para ver las características del amor.

Preguntas importantes, decisiones importantes:

¿Qué aprendemos de Eclesiastés y Cantar de los Cantares?

¿Qué es lo que más te ha llamado la atención?

¿Qué libro te gusta más, Proverbios o Eclesiastés? ¿Por qué?

¿Y Jesús?

Jesús es el gran predicador que nos demostró que lo importante es el respeto y al amor a Dios y el amor a los demás, al prójimo. Él es el novio que busca a su novia, la Iglesia, que la enamora, que da su vida por ella y nos enseña que el amor entregado es verdaderamente amor.

Decide:

Decido reflexionar acerca del propósito de la vida. Entiendo que lo importante es el respeto a Dios, que lo que aparentemente mucha gente tiene como prioridad, en realidad es vanidad.

Respecto al amor, reconozco que es algo que Dios ha creado y es genial poder experimentarlo a su tiempo. Y quiero dignificar lo que Dios ha creado, mi sexualidad, para ser sabio y disfrutar al máximo de todo lo que Dios me ofrece.

 Orar es una buena decisión. Tiempo y dinámica de oración para despedir.

 Recuerda descargar las lecturas diarias "Para profundizar y aplicar" desde www.e625.com/lecciones.

Lección 14 > ABDÍAS Y JOEL

Abdías

Abdías significa "siervo de Dios", es el libro más corto del antiguo testamento con solo veintiún versículos.

Escribe en una situación crítica: Israel había sido arrasada y recientemente también Judá, el reino del sur, junto su capital Jerusalén, habían caído bajo el imperio babilonio. Los refugiados de guerra judíos huyeron al territorio de Edom. Edam es otra manera de llamar a Esaú

¿Quién es Esaú?

Descarga en www.e625.com/lecciones material complementario para esta sección.

Abdías le escribe a Edom. No querían ayudar a sus hermanos Israelitas. La falta de hospitalidad y amor al prójimo será su condena.

"Lo que tú hiciste con otros, se hará contigo". (Abdías 1:15).

¿Conoces la regla de oro?

Leamos Mateo 7:12

¿Qué significa este texto?

División y estructura

Su estructura es sencilla:

- *Humillación de Edom: 1-14*
- *El día del Señor y el juicio a las naciones: 15 -18*
- *La exaltación de Israel: 19 -21*

Al parecer Edom no estaba dispuesto a ayudar a "su hermano" en un momento de profunda necesidad, y esto fue una falta grave.

Como Edom, muchos de nosotros estamos tan seguros en nuestra vida y tan pendientes de nuestras cosas que no vemos la necesidad del otro.

A nivel de necesidades en el mundo:

¿En qué lugares del mundo crees que están ocurriendo injusticias y nosotros o las otras naciones no estamos haciendo lo suficiente?

El punto central es que los adolescentes vean la importancia de la compasión por el prójimo, el diferente, y que tengamos una carga social, recordando que los más favorecidos por Jesús son los últimos.

Hay un texto muy conocido, una parábola de Jesús que nos recuerda esta situación, parecido a ese texto de juicio a las naciones de Abdías.

Leamos Mateo 25:31-40

¿Cuál será la manera en que el Rey valorará a los de la derecha y la izquierda? ¿Por qué?

Enfoquémonos en la idea de que la compasión por el otro es la clave para vivir. Que lo que le importa al rey es cómo tratamos a los demás, hasta tal punto que llega a decir: "A mí me lo hicieron" (Mateo 25:40).

A veces es fácil decir cómo "los países" hacen mal las cosas. Pero ¿y nosotros? ¿Tenemos compasión de nuestro prójimo en lo poco?

¿Qué cosas prácticas no estamos haciendo hoy por falta compasión por el vecino, por el hermano, el amigo, etc.?

Finalmente Abdías termina con una nota de esperanza:

Abdías 1:21: *"El Señor será el Rey".*

Él, algún día traerá justicia a todos aquellos que viven la injusticia, pero nosotros hoy debemos ser sus representantes y traer esa esperanza a nuestros prójimos.

Joel

Antes del mensaje de Abdías a Edom, Dios también advirtió a Judá de lo que podría pasarles si no se arrepentían. Eso es exactamente el libro de Joel. Usando la metáfora de una plaga de langostas que lo devasta todo, hablará de los peligros que se ciernen sobre el pueblo. Siempre dejará una puerta abierta porque es una advertencia para que puedan reaccionar. Sabemos que al final no harán caso. Aun así, Joel contiene promesas de Dios que, a pesar de todo, seguirá derramándose por su pueblo. Tanto así que hay un texto muy conocido de Joel usado en la primera predicación de la Iglesia en el libro de los Hechos.

¿Sabes de que texto se trata? (Joel 2:28-32).

Joel probablemente era de familia sacerdotal o al menos piadosa, y su nombre significa Jehová es Dios. En su libro profético advertirá al pueblo de que si sigue tomando malas decisiones las consecuencias serán "el día de Jehová".

División y estructura

- *Lo que hará la langosta: 1:1- 2:2a*
- *Nuevo anuncia del día del Señor: 2:2b-11*
- *La misericordia de Dios: 2:12-27*
- *Derramamiento del espíritu del Señor: 2:28-32*

Puedes detenerte aquí, para hablar de cómo la promesa de la venida de su Espíritu sobre toda carne se cumplió en Hechos 2. A pesar de que el pueblo no fue fiel, Dios sí lo fue.

Sabemos que Judá fue devastada pero aun así Dios siguió siendo fiel.

Más allá de nuestras decisiones equivocadas, hay un Dios que sigue queriendo "derramarse sobre nosotros".

¿Esto es una licencia para pecar?

Hablemos de que somos responsables, pero de que su misericordia siempre está por encima de nuestros actos.

¿Qué demuestran estos versículos del carácter de Dios?

Juicio sobre las naciones: 3:1-16

Liberación de Judá: 3:17-21

¿Y Jesús?

Jesús se enfocará en los últimos, los desheredados. Para Él serán los primeros. Él es el que traerá su Reino, como en las palabras de Abdías.

También vemos el cumplimiento de su palabra en Hechos 2, cuando vino el Espíritu Santo sobre toda carne. A pesar de nuestros actos, de rechazar a Jesús, fue declarado Señor y nos dio a nosotros la capacidad de dar la buena noticia a todos los demás, comenzando con los últimos.

Decide:

Decido conocer a Dios y sus intereses, no siendo apático ante las necesidades de mis prójimos; decido seguir a Jesús y ser lleno de Él, tener su Presencia e invocar su nombre para ser salvo.

 Orar es una buena decisión. Tiempo y dinámica de oración para despedir.

 Recuerda descargar las lecturas diarias "Para profundizar y aplicar" desde www.e625.com/lecciones.

Lección 15 › OSEAS Y AMÓS

Oseas

No sé si estamos preparados para esta historia. Dios le pide a Oseas que se case con una prostituta. Será un símbolo de cómo es la relación de Dios con su pueblo. También nuestra relación con Él.

 ¿Por qué crees que esta imagen puede describir nuestra relación con Dios?

Vez tras vez Gomer, su mujer, tomará malas decisiones. Así hará el pueblo de Dios que finalmente será conquistado por Asiria.

Gomer abandona a Oseas pero Dios le pide al profeta que vuelva con ella, que la redima.

La vida de Oseas se convierte en su mensaje. Las infidelidades de Gomer serán el reflejo de cómo actuamos nosotros.

Sí, tenemos a Dios, y oramos, etc., pero, así como el pueblo de Israel, nosotros también tenemos "otros dioses" con los que adulteramos.

Dios quiere la exclusividad, como un marido, como una esposa. Sin nadie más. En este texto se mezclará esta historia con sus profecías, y nos veremos reflejados tanto en nuestros errores como en el incondicional amor de Dios.

 Descarga en www.e625.com/lecciones material complementario para esta sección

División y estructura.

- Matrimonio y familia como símbolo: 1:1-3:5
- La nación infiel y el Dios fiel: 4:1-14:9
- A. Acusación de Dios contra Israel: 4:1-6:3
- B. Castigo de Israel: 6:4-10:15
- C. Amor fiel del Señor: 11:1-14:9

Imprime la estructura descargándola desde www.e625.com/lecciones.

Viendo la estructura, ¿cuál creen que será la enseñanza central de Oseas?

El matrimonio de Oseas será un ejemplo de la relación de Dios con su pueblo.

Descarga la tabla comparativa y haz dos equipos para completar el cuadro con el texto bíblico.

OSEAS Y GOMER	DIOS E ISRAEL
Oseas se casa con Gomer 1:3	Dios se desposa con Israel 2:19
Oseas es fiel 3:3	Dios es fiel 1:7
Oseas no es correspondido 3:1	Dios no es correspondido 3:1
La relación se rompe 3:1	La relación se rompe 2:2
Gomer busca a otros hombres 3:1	Israel busca otros dioses 4:1
Gomer se muestra indiferente 3:1	Israel se muestra indiferente 11:1
La hija de Oseas: no amada 1:6	Dios no tendrá piedad de sus caprichosos hijos 5:6
Otro hijo de Oseas: Loamí ("no pueblo mío") 1:9	Dios declara que los Israelitas no son su pueblo 1:9
Oseas restaura a Gomer. 3:2	Dios redime al infiel Israel 14:4-8

Preguntas importantes, decisiones importantes:

¿Qué es la exclusividad en las relaciones? ¿Por qué es importante?

¿Crees que debemos ser exclusivos para Dios? ¿Por qué?

¿Qué otros dioses hay compitiendo por nuestro corazón y decisiones? (mapa mental, cuadro, etc…).

Amós

Amós dijo de sí mismo que no era profeta ni hijo de profeta pero sin duda profetizó, hablo en nombre de Dios. Ese hombre sencillo, de campo, habló sobre todo de las injusticias que en el reino del Norte, Israel, se estaban cometiendo de parte de los ricos hacia los pobres. Denunció las desigualdades y también los pecados de siete naciones vecinas de Israel.

Su mensaje será tan poderoso que aún hoy los abogados de los derechos civiles siguen citando sus textos.

División y estructura.

- Introducción: 1:1-2
- Profecías contra las naciones: 1:3-2:16

Buscar los textos y por grupos determinar cuáles son las acusaciones y sus malas decisiones.

Descarga la lista de naciones desde www.e625.com/lecciones.

- Damasco - crímenes de guerra.
- Gaza - vendió esclavos, deportó al pueblo judío.
- Tiro - igual que Gaza y haber incumplido un tratado de paz.
- Edom - lucharon contra los judíos.
- Amón - genocidio contra los judíos.
- Moab - profanaron el cadáver del rey de Edom.
- Judá - desobedeció la ley de Dios.
- Israel - la injusticia social.

¿Crees que a Dios le importan las injusticias sociales? ¿Por qué?

- Juicio sobre Israel: 3:1-15
- Obstinación de Israel: 4:1-5:27
- Lamento por los injustos: 6:1-14
- Tres visiones del desastre: 7:1-9
- Confrontación de Amós con Amasías: 7:10-17
- Visión del fin de Israel: 8:1-14
- Visión del Dios soberano en el altar: 9:1-10
- Promesa de futura restauración: 9:11-15

En toda la Biblia Dios insiste en una cosa que su pueblo debe hacer: ayudar a los indefensos, a los más débiles. Leamos Amós 9:11-15.
Al final de Amós nos dice que Dios restaurará la casa de David y que será algo para todas las naciones.

Como siempre, los profetas terminan con unas palabras de esperanza que apuntan a un futuro donde todo se restaurará, a pesar de la injusticia.

Preguntas importantes, decisiones importantes:

¿Qué crees que Dios denunciaría hoy, de todo lo que está ocurriendo en el mundo con las naciones?

¿Qué podemos hacer hoy por los últimos?

¿Y Jesús?

Jesús es el esposo que, más allá de nuestras infidelidades, sigue demostrando de su gracia. Aunque escapemos viene a buscarnos, aunque le engañemos y le seamos infieles como Gomer, Él nos redime y perdona. También es el hijo prometido de David que traerá justicia en medio de la injusticia a todas las naciones, y que sigue preocupado por los últimos.

Decide:

Decido ser exclusivo para Jesús y no engañarlo con otros dioses. Decido preocuparme y ocuparme de los últimos y no tolerar la injusticia que encuentre en el camino.

Orar es una buena decisión. Tiempo y dinámica de oración para despedir.

Recuerda descargar las lecturas diarias "Para profundizar y aplicar" desde www.e625.com/lecciones.

Lección 16 > ISAÍAS

Un gran evangelio en el Antiguo Testamento.

Isaías es el profeta que más explícitamente habla del Mesías ¡setecientos años antes del nacimiento de Jesús! Los autores del nuevo testamento citan este libro unas cincuenta veces, y no es para menos.

Sus palabras y profecías son de confrontación, advertencia y exhortación; pero también de esperanza y cumplimiento de promesas, especialmente apuntando a ese Mesías que salvaría a su pueblo. También aparecen partes apocalípticas, la historia del rey Ezequías y muchas imágenes evocadoras. Es toda una obra de arte escrita desde Jerusalén.

Este libro fue leído por el propio Jesús, en Lucas 4:17-19 en la sinagoga de Nazaret, dando a entender que esas palabras se estaban cumpliendo en Él.

 Descarga en www.e625.com/lecciones material complementario para esta sección.

 Leer Lucas 4:17-19.

 ¿Qué significaba este texto para Jesús? ¿Cumplió con lo que estaba ahí escrito? ¿Cómo?

Este texto es la declaración de propósito de Jesús. La identidad de Jesús estaba anclada en la Escritura, en la Palabra de Dios.

Está lleno de poesía enfocada en el Mesías, sabiendo que sería el siervo sufriente que vendría en debilidad y sería rechazado. Tan afinado estuvo Isaías que algunos lo llaman el quinto evangelio.

El profeta habla para tres épocas distintas, bien diferenciadas en su estructura, vamos a verla:

División y estructura

Imprime la estructura, descargándola desde ww.e625.com/lecciones.

Repasemos por encima su división y estructura, es muy larga y densa. Los adolescente pueden quedársela para estudiarla pero remarca los puntos más importantes que proponemos y también los que tú consideres.

Trasfondo Sirio y Asirio 1:1- 39:8
En esta época Israel afrontaba las invasiones asirias durante la segunda mitad del siglo VIII a.C.

- Introducción: 1:1-31.
- Condena del orgullo del pueblo y promesa de exaltación del Señor: 2:1-5:30.
- Llamado de Isaías: 6:1-13.
- Condena por temer a las naciones: 7:1-12:6.
- El día del Señor: 13:1-23:18.
- El pequeño apocalipsis: 24:1-27:13.
- Seis ayes y promesas de salvación: 28:1-35:10.
- Historia de Ezequías e Isaías: 36:1-39:8.

Trasfondo Babilonio 40:1-55:13
Aquí el texto va dirigido a los desalentados que están exiliados en Babilonia en la primera mitad del siglo VI a.C., dos siglos después del apartado anterior.

- Introducción: 40:1-31.
- Juicio a las naciones: 41:1-46:13.
- Profecías del siervo sufriente: 47:1- 55:13.

Trasfondo Postexílico 56:1-66:24
Esta parte se dirige a la comunidad postexílica (después del exilio de Babilonia) en la segunda mitad del siglo VI a.C.

- Identificación del verdadero pueblo de Dios: 56:1-8.
- Condena de Israel 56:9 - 57:13.
- El Señor está con los contritos: 57:14-21.
- Condena del ayuno hipócrita: 58:1-14.
- Restauración del Israel arrepentido: 59:1-8.
- Lamento de Israel: 59:9-15.
- El Señor justifica a su pueblo: 59:16-21.
- Futuro glorioso de Jerusalén: 60:1- 62:12

- Lamento de Israel: 63:1- 64:12.
- Contraste entre el verdadero Israel y el que solo tiene el nombre: 65:1-66:24.

Hay un texto muy conocido que hoy en día sigue llamando la atención por la precisión con la que describe al Mesías que aparecerá en el Nuevo Testamento, Jesús.

Se conoce como el pasaje del siervo suficiente y está en Isaías 53.

Imprime el texto de Isaías 53 para que, en grupos de tres, estudien el texto y lo asocien a la persona de Jesús para ver cómo se cumple cada una de las descripciones que hace.

1 ¡Nadie cree lo que hemos proclamado! ¡Nadie ha sido testigo del poder de Dios! 2Era como tierno retoño que brota de una raíz en tierra seca. No había nada de belleza en él. No tenía atractivo como para desearlo. 3Todos lo despreciaron y lo rechazaron. Fue un hombre marcado por el dolor y habituado al más amargo sufrimiento. Todos evitábamos mirarlo, lo ignorábamos y lo considerábamos como harapo pisoteado en el camino.

4Y sin embargo, el sufrimiento que él padeció es el que a nosotros nos correspondía, nuestras penas eran las que lo agobiaron. Y nosotros pensábamos que sus tribulaciones eran castigo de Dios por sus propios pecados, 5¡pero él fue herido y maltratado por los pecados nuestros! ¡Se le castigó para que nosotros tuviéramos paz, lo azotaron y nosotros fuimos sanados por su sufrimiento! 6Nosotros fuimos quienes nos extraviamos como ovejas, nosotros, quienes seguimos nuestro propio camino. ¡Pero Dios echó sobre él la culpa y los pecados de cada uno de nosotros!

7Fue oprimido y afligido, pero no pronunció ni una sola palabra de queja. Como si fuera un cordero lo llevaron al matadero; como muda oveja ante sus trasquiladores, permaneció callado ante quienes lo condenaban. 8De la cárcel y del juicio se lo llevaron a la muerte. Pero ¿quién entre el pueblo de aquel tiempo se dio cuenta de que era por los pecados de ellos que él moría, que él sufría el castigo que a ellos correspondía? 9Lo sepultaron como a delincuente en la tumba de un rico, pero él no había hecho mal alguno, jamás pronunció una palabra perversa.

10Sin embargo, fue Dios mismo el que decidió humillarlo y hacerlo sufrir hasta la agonía. Pero el siervo ofreció su vida en sacrificio por nuestros pecados. Por eso, tendrá una larga vida y llegará a ver sus descendientes. Todos los planes de Dios se harán realidad por medio de sus manos. 11-12Y después de tanto sufrimiento comprenderá por qué fue necesaria su obediencia y su intercesión. Porque fue mediante su sufrimiento y por haber llevado sobre sí el pecado de muchos que mi siervo hará que ellos sean declarados inocentes y aceptados por Dios. Por lo tanto, yo le daré como premio toda la honra y todo poder.

A mediados del siglo XX se encontraron en Qumran, cerca del Mar Muerto, unos manuscritos de Isaías de 100 años a.C., lo que demuestra la autenticidad de los hechos.

Después de toda esta dinámica ¿Qué opinas de esta profecía?

Si Jesús es el cumplimiento de esta profecía, ¿cómo afecta eso a mi vida?

Si Jesús es quien dijo ser, eso debe cambiar todo lo que somos. Debemos sentirnos perdonados y justificados y debemos aprender a vivir, no para nosotros, sino para Él.

¿Y Jesús?

Sí, Jesús será ese siervo que sufre, que muere para salvarnos a todos. Isaías, como todo el Antiguo Testamento apunta a Jesús como su cumplimiento completo.

Decide:

Decido creer que Jesús es el cumplimiento de las profecías del Antiguo Testamento, que Él es la salvación del mundo y también mi salvación, que por Él soy justificado y perdonado.

Orar es una buena decisión. Tiempo y dinámica de oración para despedir.

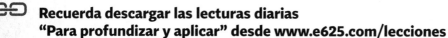

**Recuerda descargar las lecturas diarias
"Para profundizar y aplicar" desde www.e625.com/lecciones**

Lección 17 > NAHÚM, HABACUC Y SOFONÍAS

Quizá puedas elegir dos de estos tres profetas para esta sesión, será más pedagógico. Si te interesa el contenido de los tres, puedes tratar estos libros más a vista de pájaro.

Descarga las tres estructuras que encontrarás en www.e625.com/lecciones.

Nahúm

Cien años antes Jonás había ido a predicar a Nínive, aunque al principio no quiso. El resultado fue el arrepentimiento de los ninivitas.

Pero en esta ocasión no será así. Nínive está a punto de caer y Nahúm es el profeta que les hablará de lo que les va a ocurrir. Finalmente Asiria, el primer imperio internacional, por muy poderoso que se creyera, iba a ser destruido a causa de sus pecados, crímenes de guerra e idolatría.

Eran un pueblo especialmente cruel y son conocidos por sus métodos de terror para castigar a sus enemigos. Sembraban el miedo ahí donde iban y, pese a las advertencias del Señor, no cambiaron su manera de ser.

Descarga en www.e625.com/lecciones material complementario para   esta sección.

División y estructura.

- Salmo de alabanza por la venganza del Señor: 1:1- 2:2.
- Profecías en cuanto a juicio venidero sobre Nínive: 2:3- 3:19.

¿Qué ocurre cuando ponemos nuestra confianza en nuestra fuerza para tomar decisiones? ¿Siempre nos saldremos con la nuestra?

¿Qué puede ocurrir si advertencia tras advertencia no obedecemos ni actuamos de acuerdo con la sabiduría de Dios?

Habacuc

Vive en Judá, y sabe que el pueblo no está haciendo lo correcto. Pero este profeta no quiere que Dios los borre del mapa, quiere que los corrija. Sabe que los babilonios van a castigar a los judíos.

Habacuc no puede creer que Dios vaya a hacer eso sabiendo que los babilonios ¡son aún peores!

Dios le asegura al profeta que ellos también tendrán su merecido.

Este libro no es un mensaje, propiamente dicho, dirigido a los judíos. Es más bien una conversación de Habacuc con Dios, una plegaria. A Habacuc no le gusta la respuesta de Dios y sigue hablando con Él, haciéndole preguntas, "¿hasta cuándo?". De una forma muy sincera el libro continúa y termina con palabras de confianza en la voluntad de Dios a través de una canción que es una de las declaraciones de fe más conmovedoras y tiernas de toda la Escritura. Recuerda un poco al libro de Job, donde éste interpela a Dios pero termina depositando su confianza en Él.

Además, uno de los versículos de este libro será la base para una de las cartas más conocidas del nuevo testamento.

¿Sabes cuál?

Mas el justo por su fe vivirá. (Habacuc 2:4 RVR1960).

¿Por qué crees que este versículo será la base de la Carta a los Romanos?

La idea es enfocar que la Carta a los Romanos es una exaltación de la gracia de Dios por encima de todas las circunstancias. La confianza, la fe en Dios es lo que nos hace justos, no nuestra perfección moral. Este versículo de Habacuc será la semilla que el apóstol Pablo usará para su carta-tratado, que tanto ha bendecido al mundo.

División y estructura

- Primera queja de Habacuc: 1:1-4.
- Primera respuesta de Dios: 1:5-11.
- Segunda queja de Habacuc: 1:12- 2:1.
- Segunda respuesta de Dios: 2:2-20.
- Oración-canción de Habacuc: 3:1-19.

Así dice la última parte de la canción:

Aun después de tanta destrucción; cuando la higuera se seque y no haya flores ni fruto; cuando los olivos no produzcan y los campos permanezcan estériles; cuando el ganado muera en el campo y los corrales estén sin vacas, yo me regocijaré en el SEÑOR y me alegraré en el Dios que nos salva. ¡El SEÑOR Dios es quien me hace estar fuerte! Me dará la velocidad de un venado y me conducirá con seguridad sobre la altura de las montañas. (Habacuc 3:17-19).

¿Cómo explicarías este texto en tus propias palabras?

En medio de las circunstancias adversas que no entendemos, la reacción natural es la queja. No vemos justo muchas cosas y culpamos a Dios. Es bueno que seamos sinceros delante de Él, pero es aún más bueno que confiemos de manera incondicional. Porque si no lo hacemos podemos tomar malas decisiones en base al dolor o el rencor.

Esta es una canción de gozo, de alegría, pero no está basada en las circunstancias, sino en el Dios que liberta.

Aprendamos a "cantar", a vivir de esa manera.

Sofonías

Nos encontramos con uno de los libros de la Biblia más pasados por alto. No habrás escuchado muchos sermones de Sofonías. El punto central de este profeta es que Dios les da una última oportunidad a los judíos para arrepentirse y, si no la aprovechan, destruirá su nación, o incluso el mundo entero. Aun así, después Dios promete una restauración del pueblo. No son buenas noticias en principio. Fuera de contexto parece un libro escrito por un agorero, alguien que predice el mal y casi se regodea haciéndolo. Pero esta advertencia tuvo su fruto. Nos situamos entre el 640 y 621 a.C., cuando Josías, rey de Judá, ascendió al trono con ¡ocho años! Su padre Amón, había hecho lo malo ante los ojos de Jehová pero Josías, el nuevo rey, con dieciséis años descubre el libro de la Ley y recupera la fe de su antepasado David.

Así pues, inicia una reforma en su cultura, derribando los santuarios paganos y a los veintitrés renueva el templo de Salomón.

Parece ser que Sofonías transmitió su mensaje de advertencia en los primeros años del reinado de Josías y fue escuchado.

¿Alguna vez te han advertido las consecuencias que traería tomar una mala decisión y has cambiado de opinión?

Puedes pensar previamente una experiencia propia que sirva de ejemplo para compartirla con el grupo y facilite la participación. ¡Que sea breve!

Fijémonos en la estructura de este libro:

División y estructura

1. Advertencia de un juicio inminente: 1:1-18.
   A. El juicio anunciado 1:2-6.
   B. El juicio definido 1:7-13.
   C. El juicio descrito 1:14-18.

2. Llamada al arrepentimiento: 2:1-3:8.
   A. Invitación al arrepentimiento: 2:1-3.
   B. Advertencia detallada de juicio: 2:4- 3:8.

3. Una promesa de bendición futura: 3:9-20.
   A. La promesa de conversión: 3:9-13.
   B. La promesa de restauración: 3:14-20.

Preguntas importantes, decisiones importantes:

¿Vemos un patrón en los escritos de los profetas?

¿Se parece esta estructura a la de los profetas que hemos estudiado anteriormente?

El concepto es ver que muchos de los profetas denuncian la situación en la que el pueblo se encuentra y advierten los peligros de desobedecer a Dios y sus consecuencias, son "agoreros". Llaman al arrepentimiento, a un cambio de ser y hacer. Y finalmente dan palabras de esperanza, en muchos casos independientemente de lo que hagan.

Puedes ver las estructuras de otros libros proféticos estudiados hasta hoy y ver los paralelismos, por grupos, individualmente o todos juntos, dependiendo del tiempo que te quede para la sesión.

Así termina Sofonías:

El SEÑOR dice: «Castigaré severamente a los que te han oprimido. Salvaré al débil y al indefenso, y reuniré de nuevo a todos los que fueron perseguidos y esparcidos. Daré fama y buen nombre a los que estuvieron exiliados y sufrieron las burlas y la vergüenza. »En aquel tiempo te recogeré, reuniré a tus hijos e hijas y los traeré nuevamente a su hogar. Te daré un buen nombre, te haré famoso entre todos los pueblos de la tierra, y ellos te elogiarán cuando vean que yo restauro tus bienes y tu prosperidad. Lo digo yo, el SEÑOR». (Sofonías 3:19-20).

Como un buen pastor, Dios reunirá a sus ovejas de nuevo a pesar de que estén perdidas. Con estas palabras de esperanza, como suelen hacer los profetas, termina este texto. Nosotros sabemos hacia dónde apuntaban.

¿Y Jesús?

Jesús es la palabra de esperanza y restauración a pesar de la mala conducta de su pueblo. Es en Él donde depositamos nuestra confianza "aunque la higuera no florezca". No pongamos nuestra confianza en nuestra fuerza, como los ninivitas, sino en el Señor, sabiendo que "el justo por su fe vivirá".

Decide:

Decido escuchar las advertencias del Señor en mi vida, sabiendo que Él siempre busca mi bien, lo mejor para mí, aunque no lo entienda todo. Él será mi canción en medio de las dificultades y la esperanza para mi vida.

 Orar es una buena decisión. Tiempo y dinámica de oración para despedir.

 Recuerda descargar las lecturas diarias "Para profundizar y aplicar" desde www.e625.com/lecciones.

Lección 18 > EZEQUIEL Y DANIEL

Profetas fuera de su hogar

Estos dos profetas ejercieron su ministerio fuera de su hogar, sobre todo en Babilonia. Ezequiel, un sacerdote deportado, sin trabajo convertido en profeta y Daniel, un joven expatriado que servirá en la corte.

Como ellos, nosotros estamos rodeados de personas que no conocen al Señor pero Dios nos pide que las bendigamos, que vivamos en medio de ellas. Recordemos que aún no estamos en "casa", somos extranjeros, debemos estar con la gente pero a la vez hacer la diferencia. Debemos ser como Ezequiel, como Daniel: la voz de Dios en medio de cualquier situación.

Descarga en www.e625.com/lecciones material complementario para esta sección.

Ezequiel

Este profeta predicó a los exiliados en Babilonia. Él mismo fue un exiliado, desde el 593 a.C. hasta el 571 a.C.

Los babilonios no habían capturado a los judíos para esclavizarlos sino para desplazar a la población de Israel, en especial a su liderazgo. Así perdían su identidad como pueblo y se mezclaban con los babilonios. Quizá no haya una forma mejor de "acabar" con un pueblo que haciendo que olviden quiénes son.

¿Cómo harías tú para que un pueblo pierda su identidad?

¿Cómo crees que el mundo intenta hacer que perdamos nuestra identidad?

Ezequiel, en su libro habla de muchas maneras para transmitir el mensaje: a través de poesía y prosa, de proverbios, parábolas, juegos de palabras, alegorías, lamentaciones, etc.

El propósito central de su libro es traer renovación espiritual a todas las personas. Desea que vuelvan a una verdadera adoración a Dios. "Que conozcan que yo soy el Señor", esta frase se repite sesenta y cinco veces en el libro.
Al final, como siempre, se nos hablará de que Dios, aunque ha permitido el exilio, restaurará a su pueblo.

División y estructura.

- Profecías contra Judá y Jerusalén: 1:1- 24:27.
- Profecías contra naciones extranjeras: 25:1- 32:32.
- Profecías relativas a Israel: 33:1- 39:29.
- Visión del nuevo templo y la nueva ley: 40:1- 48:35.

Muchas imágenes de Ezequiel son muy conocidas: el valle de los huesos secos que cobran vida, los malos pastores y el buen pastor, la gloria del Señor que abandona el templo, las cuatro criaturas que tiran del carro de Dios (que algunos interpretarán como los cuatro evangelistas)… Es un libro lleno de símbolos, de inspiración y creatividad, de uno de los profetas más visuales que hay. Esta semana en los devocionales disfruta de sus enseñanzas y desafíos.

Daniel

Daniel, un joven que también fue deportado a Babilonia en tiempos de Nabucodonosor, fue asimismo un profeta prominente. Y no solo eso: se convirtió en consejero no solo de Nabucodonosor sino también de otros reinos y reyes babilonios y persas. Supo ser fiel a Dios en medio de un ambiente que le empujaba a negarlo. Tanto él como sus tres amigos, Sadrac, Mesac y Abed-Nego, pagaron el precio de mantenerse apartados para Dios pero a la vez formando parte del tejido social de la época.

Eran como nosotros: estamos en este mundo, aunque no somos de este mundo. Nuestro llamado es a ser de bendición a los que nos rodean pero a la vez mantener nuestra identidad de seguidores de Jesús.

Enfrentaremos muchas presiones y tendremos que aprender a tomar decisiones sabias en medio de la sociedad.

Veamos la historia de Daniel para ver si nos podemos sentir identificados con él. Se diferencian dos partes muy claramente: una narrativa, donde se cuenta la historia de Daniel y sus amigos deportados (capítulos 1 al 6) y otra profética y apocalíptica (capítulos 7 al 12).

En el capítulo 1 se nos habla de cómo Daniel y sus tres amigos marcaron la diferencia para no contaminarse, a pesar de estar en un contexto muy difícil.
En el capítulo 2, Daniel interpreta el sueño de Nabucodonosor.

En el capítulo 3 se nos cuenta cómo sufrieron en el horno de fuego por no doblar sus rodillas y adorar a un ídolo, y cómo fueron rescatados.

En el capítulo 4 se cuenta la historia de la locura de Nabucodonosor y cómo recobra la cordura.

En el capítulo 5 Daniel interpreta la escritura en la pared cuando Belsasar había hecho un festín.

En el capítulo 6 Daniel supera la prueba del foso de los leones.

 Hacer seis equipos, uno para cada capítulo a tratar. Si son menos de doce personas puedes reducir el número de capítulos, no hace falta cubrirlos todos.

La tarea de cada equipo es:

1- *Leer el texto.*

 2- *Descargar el texto de www.e625.com/lecciones* *para los equipos de trabajo.*

3- *Responder a estas preguntas:*

-¿Qué problema se les plantea a los protagonistas?
-¿Cuáles serían las consecuencias de no decidir sabiamente?
-¿Qué hizo el protagonista o protagonistas?
-¿Cuáles fueron las consecuencias de sus decisiones?
-¿Qué podemos aprender de ellos para hoy?

4- *Exponerlo brevemente a los demás.*

Los últimos capítulos, hasta el 12, son profecías donde se habla de los últimos tiempos, del hijo del hombre y otras imágenes apocalípticas que inspiraron a muchos autores del Nuevo Testamento.

Preguntas importantes, decisiones importantes:

¿Qué hemos aprendido de la vida de Daniel y sus amigos?

¿Enfrentamos situaciones parecidas por defender nuestra fe? ¿Cuáles?

¿Y Jesús?

Jesús será el buen pastor de Ezequiel, el hijo del hombre al que le dan autoridad, el que restaurará a su pueblo, la roca que derribará los reinos, el rey que hará que todos se quiten la corona.

Decide:

Decido marcar la diferencia en un lugar que no es el mío, mi Babilonia, para ser de verdadera bendición a otros, aunque no conozcan aún a Jesús. Decido prepararme como Daniel y sus amigos para ser excelente en lo que hago y mantener mi identidad en Cristo esté donde esté.

 Orar es una buena decisión. Tiempo y dinámica de oración para despedir.

 Recuerda descargar las lecturas diarias "Para profundizar y aplicar" desde www. e625.com/lecciones.

Lección 19 > JEREMÍAS Y LAMENTACIONES

Jeremías, el profeta llorón. Así le han llamado al autor de estos dos libros. Fue contemporáneo (de la misma época) que Sofonías, Ezequiel y Habacuc y su llamamiento comenzó muy pronto, ¡quizá con trece años! Vio con sus propios ojos la caída de Jerusalén y se lamentó por ello.

Tanto en Jeremías como en Lamentaciones, Jeremías nos muestra sus propias luchas interiores de una forma más gráfica que cualquier otro profeta. No siempre es fácil seguir a Dios y a sus palabras, y Jeremías será una demostración de ello.

 Descarga en www.e625.com/lecciones material complementario para esta sección.

Jeremías

El profeta denunciará como centro de su mensaje no una cuestión social, una injusticia, el maltrato a otros, etc. No. El punto será que el pueblo ha abandonado a Dios y ha depositado su confianza en ídolos.

> *Miren en torno y vean si pueden encontrar otra nación en cualquier parte del mundo que haya cambiado sus antiguos dioses por otros nuevos, aunque sus dioses nada sean. Envíen a occidente, a la isla de Chipre; envíen al oriente, a los desiertos de Cedar; vean si hay allí alguien que jamás haya oído algo tan extraño. ¡Sólo mi pueblo ha renunciado a su glorioso Dios a cambio de ídolos ridículos! ¡El cielo se espanta de esa gran estupidez y retrocede horrorizado y consternado!, dice el SEÑOR. Porque dos males ha cometido mi pueblo: me abandonaron a mí que soy fuente de agua viva, y han cavado para sí cisternas que no pueden ni siquiera retener agua. (Jeremías 2:10-13).*

Durante cuarenta años estará ejerciendo su ministerio advirtiendo a los habitantes de Jerusalén sobre las consecuencias de abandonar a Dios. Desoirán su voz, lo encerrarán; Jeremías intentará convencerlos a través de distintas puestas en escena, como el ejemplo de la vasija de barro que veremos más adelante. Pero finalmente la ciudad caerá en manos de los babilonios.

 Repartir "plastilina" o algún otro material que se pueda usar para moldear, hacer formas. Durante la sesión plantear el reto de hacer una obra de arte titulada: "Yo en mi mejor momento".

División y estructura.

- Introducción: 1:1-3.
- Llamamiento de Jeremías: 1:4-19.
- Litigio del pacto: los pecados de Jerusalén y Judá: 2:1- 24:10.
- Jeremías como profeta a las naciones: 25:1- 51:64.
- Apéndice: la caída de Jerusalén: 52:31-34.

En la introducción y el llamamiento vemos los siguiente versículos:

El SEÑOR me dijo: Yo había determinado tu futuro desde que te estabas formando en el vientre de tu madre; antes que nacieras te escogí y te consagré como vocero mío ante el mundo. « ¡Oh SEÑOR Dios», dije yo, «no puedo hacer eso! ¡No soy más que un mucha-cho! ¡Ni siquiera puedo hablar con soltura!». No digas eso, respondió el SEÑOR, pues tú irás a dondequiera que yo te envíe y anunciarás lo que yo te diga. Y no le tengas miedo al pueblo, porque yo, el SEÑOR, estaré contigo y te libraré en caso de peligro. (Jeremías 1:4-8).

¿Crees que el Señor te ha llamado para hacer algo por Él y por los demás?

Jeremías iba a enfrentar grandes desafíos y tuvo que tomar decisiones muy firmes de acuerdo a su llamado.
¿Cómo van las figuras?
Un ejemplo del tipo de profecías y símbolos a la que recurría Jeremías para comunicar su mensaje lo tenemos en el capítulo 18.

He aquí otro mensaje que Jeremías recibió del SEÑOR: ¡Baja al taller donde hacen ollas y tinajas, que allí te comunicaré mi mensaje! Hice como el SEÑOR me pidió, y encontré al alfarero trab ajando en su torno. Pero la tinaja que estaba haciendo no le salió como quería; entonces la redujo a una bola de arcilla y de nuevo comenzó a darle forma. Entonces el SEÑOR dijo: Oh Israel, ¿acaso no puedo yo hacer contigo lo que este alfarero hace con su arcilla? Como la arcilla en las manos del alfarero, así estás tú en mis manos. (Jeremías 18:1-6).

Algunos describen lo que han querido "moldear" con la plastilina. Se lo pasan al compañero de al lado. Y ahora… tienen que deshacerlo. A veces construimos cosas que parecen que están bien, pero necesitamos rehacerlas. Aunque a Dios le duela como a nosotros que somos su creación, Él quiere que seamos lo mejor posible, la mejor versión de nosotros, y a veces tiene que deshacer para volver a construir. Esto fue lo que ocurrió con el pueblo de Israel. Jeremías les señalaba al futuro donde Dios los restauraría, pero había que "romper la obra" para hacerla de nuevo.

¿Hemos sentido en nuestra vida que nuestros errores y malas decisiones nos han llevado a empezar otra vez?

¿Estamos dispuestos a ponernos en las manos de Dios para que Él forme lo que quiera en nosotros?

Con la forma que tenemos ahora, invitarlos a volver a construir.

Lamentaciones

¿Puedes compartir cual ha sido tu momento más triste?

Como en otras ocasiones, puedes compartir tú un ejemplo de tu vida. El enfoque es que la tristeza es un sentimiento lícito cuando las cosas no van bien y que la Biblia comprende esas circunstancias. Sin embargo, en medio de ellas debemos seguir confiando, como Jeremías.

Probablemente este es el libro más triste de la Biblia. Su estructura es un quiasmo es decir con un centro, que es la parte importante y rodeada de temas en paralelo hacia atrás y hacia adelante. Una estructura del tipo ABCBA. Donde C es el tema principal. Es una estructura muy común en la literatura hebrea. La Biblia, tanto el Antiguo como el Nuevo Testamento, está llena de ellos.

División y estructura

A- Llanto tras la destrucción de Jerusalén: 1
B- Sufrimiento personal tras la destrucción de Jerusalén: 2
C- Esperanza frente a la adversidad: 3
B- El dolor por la destrucción de Jerusalén: 4
A- Recuerdo de que Dios reina aún: 5

Como vemos, comenzará con un llanto; los capítulos 1 y 5 resumen el asedio y la caída de Jerusalén.

El 2 y el 4 comentan cosas más explícitas y personales de la devastación.
El 3, el centro del quiasmo se mueve entre el lamento y la esperanza.

Es como escalar una montaña y bajarla, y en la cúspide la esperanza.

Viendo esta estructura, ¿cuál sería el tema de Lamentaciones?

Vemos que un estudio superficial puede inducirnos a un error, pero viendo su estructura nos damos cuenta de que en el medio de toda la tragedia, el profeta sigue comunicando un mensaje, la esperanza.

Además, otro detalle de esta obra de arte es que los primeros cuatro capítulos son una composición acróstica. En el original, cada versículo o grupo de ellos comienza con una letra del alfabeto. Como si nosotros hoy empezáramos la primera frase con A, luego B y así sucesivamente.

¿No es increíble cómo trabajaban el texto estos autores?

Aún incluso en un texto tan desgarrador como Lamentaciones hay espacio para la creatividad, el orden y la composición, que enriquecen muchísimo más el estudio bíblico porque la Biblia es un libro fascinante.

No te lamentes tanto si tu figura se ha destruido o no te ha salido del todo bien: tienes una nueva oportunidad. Llévatela a casa y aprovecha los devocionales de esta semana para construir y moldear lo mejor que puedas.

Preguntas importantes, decisiones importantes:

¿Qué hemos aprendido de Jeremías y Lamentaciones?

¿Nos sentimos identificados con este profeta? ¿Por qué?

¿Qué podemos decidir hoy en nuestra vida para ser moldeados por Dios?

¿Y Jesús?

Jesús en Jeremías será el pastor que vendrá (Jeremías 23), el rey que reinará y hará un nuevo pacto. En Lamentaciones será el Mesías afligido, que siente nuestro dolor, que nos recuerda a ese texto fantástico de Isaías 53.

Decide:

Decido asumir mi llamado, no importa la edad. Sé que Dios quiere que le sirva y sea una voz en medio de mi contexto. Decido mantenerme firme en las decisiones que tomo a la luz de su Palabra, y aún en los momentos tristes, confiar en Jesús.

Orar es una buena decisión. Tiempo y dinámica de oración para despedir.

Recuerda descargar las lecturas diarias "Para profundizar y aplicar" desde www.e625.com/lecciones.

Lección 20 > HAGEO Y ZACARÍAS

¡Por fin buenas noticias!

Hageo

Después de setenta años de exilio babilonio el pueblo de Israel regresa a Jerusalén. Ciro, el nuevo rey de Persia, promulga un edicto que les permite a los exiliados regresar a la Tierra Prometida. Atrás han quedado los profetas que advertían lo que iba a ocurrir. Ahora es tiempo de reconstruir Jerusalén y su Templo. No todo es de color de rosa, muchos de los que han vuelto se preocupan solo de sí mismos y descuidan el Templo que estaba en ruinas. Ahí aparece Hageo, pero con un tono optimista y de ánimo. De hecho, Hageo significa "festividad". Su labor fue animar a la restauración del Templo. Es probable que fuera un anciano, su ministerio fue corto, de apenas unos cuatro meses, pero fue muy significativo para el pueblo.

Zorobabel, el gobernador que fue puesto en aquella época, descendiente de David, y Josué, el sacerdote, fueron animados por estos nuevos profetas a hacer de Jerusalén lo que antes fue.

Hageo, que quizá recordaba cómo era el templo antes y al ver que cada uno estaba solo en sus cosas, les anima y exhorta con estas palabras:

> *¿Cómo es posible que ustedes vivan en casas bien hermosas, mientras mi templo permanece en ruinas? Yo, que soy el SEÑOR todopoderoso, les digo: ¡Tengan mucho cuidado con lo que están haciendo! Siembran mucho, pero recogen poco; comen, pero quedan con hambre; beben, pero quedan con sed; se visten, pero la ropa no los calienta; y el salario no les alcanza para nada. ¡Piensen muy bien lo que están haciendo! Se los digo yo, el SEÑOR todopoderoso. Suban a las montañas, traigan madera y reedifiquen mi templo. Eso me alegrará mucho y ustedes serán recompensados. Lo digo yo, el SEÑOR.*
> *(Hageo 1:4-8).*

 Descarga en www.e625.com/lecciones material complementario para esta sección.

El pueblo mostraba indiferencia por las cosas de Dios…

 ¿Crees que pasa esto actualmente? ¿Estamos en nuestras cosas y no en las de Dios?

 ¿Cómo definirías las cosas de Dios?

Hageo los anima a reflexionar, como a nosotros, acerca de nuestras prioridades y les recuerda que el Señor está con ellos (1:13), pero les dice que no deben poner su bienestar por encima de la adoración.

Ese es el mensaje de Hageo.

Piensa en esta frase:

> **"Si no tienes tiempo para Dios, vives perdiendo el tiempo".**

 ¿Qué crees que significa? ¿Cómo lo aplicarías a tu vida?

Si tus decisiones solo están en función de tus intereses, no saldrás de ti mismo ni te involucrarás en lo que Dios quiere. Hageo nos anima a celebrar la oportunidad que tenemos de involucrarnos en la restauración de este mundo, de su pueblo, de su templo.

El pueblo había dilatado el tiempo para la reconstrucción, nunca parecía el momento perfecto. Esto nos pasa también a nosotros, pero recuerda: no tomar una decisión ya es tomar una decisión.

Muchos de nosotros no nos decidimos para bautizarnos, o para emprender algo que sabemos que debemos hacer ya. Y cuanto más tiempo pasa, más nos cuesta empezar, ¿no es así?

 Puedes poner un ejemplo personal de este último párrafo.

División y estructura

- El llamado a reedificar el templo: 1:1-15.

> **A-** La indiferencia: 1:1-11.
> **B-** El arrepentimiento: 1:12-15.

- El mayor tiempo y las mayores bendiciones de Dios: 2:1-23.

La última parte también es de mucho ánimo. Hay un versículo de este pequeño libro muy mencionado en las iglesias:

> *El futuro esplendor de este templo será mayor que el del primero, porque tengo abundancia de plata y de oro para hacerlo. En realidad, todas las riquezas del mundo me*

pertenecen. Y será éste el lugar desde donde estableceré mi paz y seguridad. Lo digo yo, el SEÑOR todopoderoso. (Hageo 2:8-9).

¿Recuerdas la semana pasada lo que se destruyó? Bueno, Dios confirma que la segunda obra maestra será mejor que la primera. Dios es un experto en reconstruir nuestras vidas. No importa que alguna vez estemos en ruinas, Dios quiere restaurarnos.

El templo será finalmente reconstruido y en base a este templo Herodes, muchos años después, lo ampliará y será mayor que el primero. A ese templo acudirá nada más y nada menos que Jesús.

Zacarías

"Jehová recuerda", eso significa Zacarías. De nuevo un profeta con un tono diferente a los anteriores. Ministró a los exiliados que regresaron a Jerusalén. Les trajo un mensaje de esperanza: el Dios que recuerda a su pueblo en su misericordia.

En su libro animó al pueblo a que acudieran al Señor para ser purificados de sus pecados y experimentar su bendición, y también trajo palabras de consuelo y aliento para la reedificación del templo.

Expone una serie de visiones donde remarca que Dios está con su pueblo. También tratará diversos temas y la última parte será más apocalíptica.

División y estructura

- Llamado al arrepentimiento: 1:1-6.
- Las visiones de Zacarías: 1:7- 6:15.
- Una pregunta sobre el ayuno: 7:1- 8:23.
- Un oráculo sobre las naciones e Israel: 9:1- 11:17.
- Un oráculo sobre el futuro de Israel: 12:1- 14:21.

A excepción del gran Isaías, en solo catorce capítulos Zacarías transmite más profecías sobre Jesús que ningún otro libro en el Antiguo Testamento.

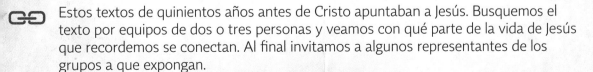 Estos textos de quinientos años antes de Cristo apuntaban a Jesús. Busquemos el texto por equipos de dos o tres personas y veamos con qué parte de la vida de Jesús que recordemos se conectan. Al final invitamos a algunos representantes de los grupos a que expongan.

- Zacarías 9:9
- Zacarías 11:13
- Zacarías 12:10
- Zacarías 13:7

Preguntas importantes, decisiones importantes:

¿Qué aprendemos de estos profetas y su nueva manera de predicar?

¿Por qué fue importante el mensaje de Hageo?

¿A que nos motiva hoy ese mensaje? ¿Cómo lo aplicamos a nuestra vida?

¿Y Jesús?

Jesús aparece de manera evidente en Zacarías, en el capítulo 14. Él será el juez venidero, el rey justo, traspasado, pero nos dará salvación. En Hageo nos recuerda que la gloria postrera será mayor que la primera. Todo esto se cumplirá en Jesús.

Decide:

Decido dedicarme a los asuntos de Dios y no poner mi comodidad por encima de sus propósitos. Decido tener y apartar tiempo para Dios y acomodar mis prioridades a Él.

 Orar es una buena decisión. Tiempo y dinámica de oración para despedir.

 Recuerda descargar las lecturas diarias "Para profundizar y aplicar" desde www. e625.com/lecciones.

Lección 21 > ESTER

La novela del Antiguo Testamento

Nos encontramos en Persia. El rey Asuero ha sucedido a su padre, Darío el grande. Si tuviéramos que resumir esta novela, diríamos algo así: Es una trama palaciega donde veremos a una huérfana judía que gana un concurso de belleza para ser la nueva esposa del rey y posteriormente, con la ayuda de su primo Mardoqueo, salvará a su pueblo de un genocidio. Para recordarlo se establece la fiesta del Purim, que hasta el día de hoy siguen celebrando en Israel.

Ester es un libro donde no se menciona explícitamente a Dios, pero vemos su mano cuidando a su pueblo.

 Descarga en www.e625.com/lecciones material complementario para esta sección.

 ¿Saben qué es la providencia?

 El concepto es que Dios actúa en medio nuestro aunque no lo veamos. Dios trabaja en este mundo a través de nosotros, de nuestras historias y de nuestras decisiones.

 Si fuéramos conscientes de que Dios trabaja en el mundo a través de nuestras

 decisiones, ¿qué cambiaríamos de nuestra forma de actuar y pensar hoy?

¿Has experimentado la providencia de Dios en tu vida?

División y estructura

 En esta sesión es importante que cada uno de los adolescentes pueda tener su Biblia para poder seguir el hilo de la historia.

1. La reina Vasti destronada y la nueva reina, Ester: capítulos 1 y 2.

El rey Asuero ofrece un banquete a sus comensales y al final de la fiesta (que duró varios días) ocurre esto:

Al séptimo día, el último de la fiesta, el rey, medio embriagado con el vino, se sentía alegre y llamó a Meumán, Biztá, Jarboná, Bigtá, Abagtá, Zetar y Carcás, que eran siete servidores de su entera confianza, y les ordenó que fueran por la reina Vasti y la llevaran hasta donde él estaba. La reina debía presentarse luciendo la corona real en su cabeza, pues el rey quería que todos contemplaran su belleza, pues en realidad era una mujer muy hermosa. Pero la reina Vasti se negó a cumplir la orden que el rey le envió por medio de aquellos hombres. Esto disgustó tanto al rey que se enfureció. (Ester 1:10-12).

La reina Vasti se niega a acudir y los consejeros del rey le recomiendan que no la vuelva a ver. En un mundo machista como el de aquella época, temían que las mujeres pudieran tener los mismos derechos que los hombres.

Aún en medio de esta injusticia, Dios actúa.

Entonces los ayudantes personales del rey hicieron esta propuesta: «Que se busquen jóvenes vírgenes y hermosas para el rey. (Ester 2:2 NVI).

Allí en Susa vivía un judío llamado Mardoqueo, que pertenecía a la tribu de Benjamín. Mardoqueo era hijo de Yaír, nieto de Simí y bisnieto de Quis. Cuando Jerusalén fue destruida por Nabucodonosor, lo llevaron cautivo a Babilonia, junto con el rey Jeconías de Judá, y muchos otros. Mardoqueo tenía bajo su tutela a una prima hermana, ya que había quedado huérfana de padre y madre. Esta muchacha era joven y muy hermosa, y se llamaba Jadasá, es decir, Ester. (Ester 2:5-7)

Finalmente, después de un auténtico concurso de belleza y de doce meses de preparación, Ester fue elegida reina, pero ocultó que era judía.

2. El complot de Amán contra el pueblo judío: capítulos 3 y 7.

Amán, un funcionario del rey, fue encumbrado por encima de los demás y todos se arrodillaban ante él, pero Mardoqueo no lo hizo. Y esto enfureció a Amán.

Cuando Amán se enteró de que Mardoqueo no se arrodillaba ni inclinaba ante él, se enfureció. 6 Y cuando se enteró de que Mardoqueo era judío, decidió acabar, no sólo con éste, sino con todos los judíos que vivían en el reino de Asuero. (Ester 3:5-6).

Para ello manipuló al rey para que hiciera un decreto para aniquilarlos a todos a cambio de 330.000 kilos de plata (¡¡unos doscientos cuarenta millones de dólares!!).

3. La liberación del pueblo judío: capítulos 8 y 9.

En el capítulo 4, Mardoqueo al enterarse le suplica a Ester que interceda por ellos ante el rey. Jugándose la vida, y mientras todo el pueblo judía ayunaba por ella durante tres días porque no podía presentarse ante el rey a menos que él la llamase, a riesgo de muerte, se presentó ante Asuero, y éste extendió su cetro en señal de aprobación.

Si fueras Ester, ¿cómo te sentirías? ¿Creerías que has nacido para ese día, para salvar a un pueblo entero? ¿Qué pensamientos te pasarían por la cabeza?

¿Crees que fue una decisión sabia? ¿Por qué?

Si de verdad Su Majestad quiere complacerme, le suplico que asista, junto con Amán, esta noche a un banquete que he preparado en su honor. (Ester 5:4).

Amán, que había confabulado en contra de los judíos, no sabe de qué se trata el asunto, sigue queriendo destruir a Mardoqueo y prepara un poste donde matarlo.

Muchas veces hay personas que no desean nuestro bien.

¿Cómo crees que debemos actuar?

El enfoque es que no nos venguemos nosotros sino que confiemos en la providencia de Dios.

Durante el segundo banquete en el que están juntos, el rey le pregunta a Ester qué tiene en mente y por qué quería verlo. Entonces le dice:

Si de verdad me he ganado el favor de Su Majestad, y si lo desea, le ruego que salve mi vida y la vida de mi pueblo. Porque mi pueblo y yo hemos sido vendidos a quienes quieren destruirnos. ¡Estamos condenados a la destrucción total! Si sólo hubiéramos sido vendidos como esclavos y esclavas, yo no me quejaría delante de Su Majestad, pues eso no sería motivo para inquietarlo.
— ¿De qué estás hablando? —le preguntó el rey Asuero—. ¿Quién se atrevería a hacerte daño?
Ester replicó:
— ¡Nuestro enemigo y adversario es este malvado Amán! (Ester 7:3-6).

Amán es descubierto y prueba su propia medicina en el poste que había preparado para Mardoqueo. Todo un giro poético mientras esta historia llega a su fin.

Aunque el edicto anterior del rey era irrevocable, éste dicta nuevas leyes donde permite a los judíos defenderse y que otros puedan ayudarles, así podrían librarse del exterminio. Así ocurre y establecen la fiesta del Purim, donde recordarían que fueron librados de este "Holocausto".

4. Exaltación de Mardoqueo: capítulo 10.
El libro de Ester termina así:

> El rey Asuero no sólo impuso tributo a los países que estaban sobre tierra firme, sino también a los que quedaban sobre las islas del mar. Sus grandes hechos, y también un relato completo de la grandeza de Mardoqueo y de los honores que le dio el rey están escritos en el Libro de las Crónicas de los reyes de Media y de Persia. El judío Mardoqueo fue primer ministro con autoridad muy cercana a la del mismo rey Asuero. Por supuesto, él fue muy grande entre los judíos, y lo respetaban todos sus compatriotas, porque hacía todo cuanto podía por su pueblo, y se preocupaba por el bienestar de todos ellos.

Con fiesta y alegría termina una historia donde no se menciona el nombre de Dios pero, sin duda, Él estaba detrás del escenario dirigiendo los pasos de su pueblo.

Preguntas importantes, decisiones importantes:

 ¿Crees que Dios está detrás de tu vida dirigiendo tu historia? ¿Por qué?

 ¿Qué podemos aprender de la actitud de Ester?

¿Y de la actitud de Mardoqueo?

¿Y Jesús?
Jesús, como Ester, llegó para "esta hora" (Ester 4:14), para salvar a su pueblo y para que podamos celebrar que nos ha liberado.

Decide:
Decido confiar en la providencia de Dios y ser consciente de que a través de mis decisiones libres, Él hace su voluntad.

 Orar es una buena decisión. Tiempo y dinámica de oración para despedir.

 Recuerda descargar las lecturas diarias "Para profundizar y aplicar" desde www.e625.com/lecciones.

Lección 22 > ESDRAS Y NEHEMÍAS

El proyecto: reconstruir la ciudad.

El decreto de Ciro en el año 539 a.C., que ya conoces, hizo posible que los judíos volvieran del exilio a Jerusalén. Desde ese momento el pueblo fue regresando a su tierra que estaba en ruinas. Los profetas les animaron a construir el templo y repoblar la ciudad. Había entusiasmo en el ambiente. Pero era un proyecto muy grande. La vida es un proyecto muy grande.

Esdras y Nehemías serán unos de los líderes más importantes de aquella época para construir, no solo las murallas o el templo, sino también los corazones de la gente.

El proyecto es enorme. Para que veas cómo fue el retorno y la reconstrucción observa este diagrama:

Descarga el diagrama de la época para imprimir desde www.e625.com/lecciones.

Regreso del Exilio en tres fases (con el permiso de los persas)

Primer grupo: Zorobabel 538 a.C. Comenzó a reconstruir el templo: Esdras 1-6.

Segundo grupo: Esdras 458 a.C. Con muchas reformas: Esdras 7-10.

Tercer grupo: Nehemías 444 a.C. Reconstruyó el muro: Nehemías 1-6.

En la Biblia hebrea Esdras y Nehemías son un único libro. Algunos eruditos nos hablan de que el autor de ambos es Esdras, el sacerdote y escriba, que recopiló toda la información de esta época. Debemos entenderlos como una unidad, el uno sin el otro estará incompleto.

¿Tenemos un proyecto de vida? ¿Sabemos las decisiones que debemos tomar para "construirlo"? ¿Cuánto tiempo nos va a llevar?

Durante el estudio de estos dos libros veremos la importancia del proyecto de reconstrucción en dos aspectos: el de la ciudad y el de las personas de la ciudad. Ambos son importantes, se complementan el uno al otro como los libros de Esdras y Nehemías.

Esdras
División y estructura:

1. El regreso del primer grupo de exiliados y la reconstrucción: 1:1- 6:22.

El decreto de Ciro: Esdras 1:2-4. Leámoslo.

Este decreto fue importantísimo para el pueblo judío; fue la llave que les devolvió a su tierra. Es un documento histórico que marcó el rumbo del pueblo de Dios.

En esta parte vemos muchas listas de nombres de gente que regresa con Zorobabel, documentos legales, las primeras construcciones y reconstrucciones. También en el capítulo 4, como siempre cuando alguien comienza un proyecto, hay oposición. Veremos esto con más detalles en Nehemías. Gracias a Dios, Hageo y Zacarías (¿los recuerdas?) animan al pueblo a reedificar el templo hasta que lo consiguen.

2. El regreso del segundo grupo de exiliados y las reformas de Esdras: 7:1-8:36.

En esta segunda sección encontramos a Esdras con su genealogía, muy importante para demostrar que podía ser sacerdote.

En el capítulo 9 se nos habla de cómo Esdras lidera espiritualmente al pueblo. No solo son importantes las obras externas sino también la construcción del corazón. Al final de este libro vemos el interés de Esdras por mantener la pureza del pueblo, su distintivo e identidad, para que no vuelva a ocurrir la destrucción de la ciudad.

Muchas veces en nuestro proyecto de vida nos fijamos en las cosas externas como qué estudiar, cómo vestir, qué tener, y construimos bien todo eso. Pero no debemos olvidar que lo sostiene nuestra vida es lo que no se ve: nuestro corazón.

¿Qué estamos construyendo en nuestro corazón? ¿Nos mantenemos con Dios en el centro para nuestra toma de decisiones?

¿Qué es más importante, la construcción exterior o la interior? ¿Por qué?

Aquí la idea no es elegir entre las dos sino ver cómo interactúan y se afectan la una a la otra. Ahora bien, sin duda, si el interior no está "bien construido" tarde o temprano todo se derrumba.

Nehemías

Era el copero del rey Artajerjes en Susa, la capital, un alto mando en el imperio persa. Era judío y tenía a Jerusalén en su corazón. Un poco después de Esdras, Dios encendió su corazón para continuar con el proyecto de la reconstrucción, sobre todo del muro de Jerusalén el cual, milagrosamente, se terminó en apenas cincuenta y dos días. En su texto veremos cómo se realizó y qué podemos aprender para construir nuestro proyecto de vida de acuerdo con lo que Dios desea para nosotros. Veámoslo:

De acuerdo al tiempo que puedas dedicar a esta parte, puedes centrarte en leer algún versículo de la estructura o hacer una lectura a vista de pájaro por los capítulos para que vean la secuencia de acontecimientos.

División y estructura:

1. Reconstrucción de los muros de Jerusalén. 1:1- 6:19

-Oración de Nehemías: 1:1- 11.

Lo primero que hace Nehemías, antes que nada, al ver la necesidad, es orar. Sí, orar. Algo tan sencillo como hablar con Dios. Antes de planificar, antes de tomar decisiones, de pensar qué hacer, Nehemías ora.

Orar no es lo más importante, pero es lo primero.

Cuando quieres tomar una decisión, ¿oras primero? ¿Por qué?

¿Por qué usamos la oración como último recurso y no como el primero?

¿Qué consecuencias trae?

-Los planes de Nehemías: 2:1-20.

Aquí en Jerusalén, después de estudiar las murallas, hará un plan de acción, no improvisará. A veces pensamos que improvisar es lo más espiritual que podemos hacer pero no es así. Cuando tenemos una estrategia clara es más fácil tomar decisiones en ese marco. Si tenemos una meta clara podemos definir si la decisión que estamos tomando ayuda a acercarnos ese objetivo o no.

-La obra de Nehemías: 3:1-32.

Por eso, en el capítulo 3 reparte el trabajo por familias, según la estrategia, y cada uno de ellos realiza su aporte para la construcción total.

-Oposición a la reconstrucción: 4:1-23.

Pero no todo será un paseo de rosas. Sambalat, un enemigo del pueblo, conspira para que no terminen el trabajo. Entonces el pueblo tomó precauciones.

Cuando uno tiene un plan o un proyecto y se pone a trabajar usualmente vendrán amenazas externas, de personas o dificultades que intentarán impedir que termines la obra. Es algo con lo que debemos contar y adaptarnos a ello. Puedes querer estudiar una carrera concreta, o servir a Dios en un área específica, pero durante el camino pueden venir dificultades que no esperabas del todo. Debes aprender a adaptarte y no desanimarte. ¡Quizá sea un síntoma de que vas por el buen camino!

Los judíos empezaron a hacer guardias para protegerse de esta amenaza externa.

-Conflicto del pueblo dentro de Jerusalén: 5:1-19.

Pero ¡ay! También dentro del pueblo hubo conflicto y discusiones acerca de lo que era justo para unos y para otros. A veces, lo que no paralizan las amenazas externas lo hacen las debilidades internas.

Nehemías tomó cartas en el asunto y resolvió el conflicto haciendo justicia.

Nosotros también sufrimos de estas debilidades. Cuando es un proyecto en equipo a veces las discusiones internas son más difíciles de resolver que las amenazas que vienen de fuera. O si el proyecto es tuyo, el desánimo o tu pecado pueden dejar que el proyecto se quede a medias.

¿Qué peligros ves en la vida de la gente que pueden dejar a medias sus proyectos? ¿Y en ti?

Pon un ejemplo de ti mismo. Ya sabes cómo funciona ;)

-Oposición renovada: 6:1-19.

Sambalat no se rinde y acusa a los judíos falsamente para amedrentarles.
A veces vendrán críticas a nuestra vida, difamaciones, pero no debemos venirnos a bajo. Todo lo contrario, debemos mantenernos firmes y continuar hasta el final.

No contestemos con la misma moneda, pongamos todo esto delante de Dios en oración como hizo Nehemías. Leer Nehemías 6:14-16.

2. Restauración de la comunidad Judía: 7:1-13:31.

-Registro del pueblo: 7:1-73.
-Avivamiento con Esdras: 8:1-10:39.
-Repoblación de Jerusalén: 11:1-12:26.
-Dedicación de los muros: 1:27-47.
-Restauración del pueblo: 13:1-31.

El muro fue terminado y, a partir de aquí, se suceden distintos acontecimientos que celebran lo ocurrido con la ayuda de Dios. Se hace un registro del pueblo y Esdras lee la ley delante de todos, con ánimo renovado. Confiesan sus pecados y se restaura el pacto. Se instituyen nuevos sacerdotes y levitas y Nehemías termina algunas obras más para mejorar la ciudad.

Hay que celebrar el logro que juntos conseguimos.

Y no debemos olvidar que al final es todo por la gracia de Dios. Es genial cómo termina este libro; después de todo lo que Nehemías ha hecho, sigue reconociendo que Dios es el que puede seguir ayudándole:

¡Acuérdate de mí, Dios mío, y ten misericordia de mí! (Nehemías 13:31b).

Proceso de Nehemías:

ORACIÓN	PLANIFICACIÓN	PELIGROS	FINAL: CELEBRACIÓN
		Amenaza Externa	
		Debilidades Internas	
		Críticas	

Descarga en www.e625.com/lecciones material complementario para esta sección.

Escribe tu proyecto de vida para los próximos cinco años tanto a nivel espiritual, como emocional, profesional, etc. Escribe una oración, un plan. ¿Qué quiero construir? Haz una lista de dificultades internas y externas que quizá puedas encontrar y describe cómo vas a celebrar que lo consigues, siguiendo el ejemplo Nehemías. Guarda esto en tu Biblia como recordatorio.

Descarga el plan de Nehemías desde www.e625.com/lecciones

- MI ORACIÓN PIDIÉNDOLE A DIOS POR SU PROYECTO EN MÍ.
- EL PLAN. ¿QUÉ QUIERO CONSTRUIR? ¿CÓMO LO VOY A HACER?
- ¿QUÉ OPOSICIÓN INTERNA ME PODRÍA ENCONTRAR?
- ¿QUÉ OPOSICIÓN EXTERNA ME PODRÍA ENCONTRAR?
- ¿CÓMO VOY A CELEBRAR EL PROYECTO?

Preguntas importantes, decisiones importantes:

¿Qué podemos aprender de Esdras y Nehemías?

¿Qué es lo que más te ha llamado la atención?

¿Qué te motiva a decidir o cambiar en esta lección?

¿Y Jesús?

Jesús dejará su posición, como Nehemías, para restaurar a su pueblo, enfrentarse a la oposición e invitarnos a construir con Él su reino. Como Esdras, nos recordará su Ley y nos ayudará a cumplirla.

Decide:

Decido hacer planes en el temor de Dios, buscando su propósito en mi vida y cuidando no solo mis proyectos externos, sino el proyecto de Dios en mi corazón, que quiere restaurarme y hacerme como Jesús.

Orar es una buena decisión. Tiempo y dinámica de oración para despedir.

Recuerda descargar las lecturas diarias "Para profundizar y aplicar" desde www.e625.com/lecciones.

Lección 23 > MALAQUÍAS

Su nombre significa "mi mensajero". Estas serán las últimas palabras del Antiguo Testamento. Acabará en interrogación, con un final abierto. La última palabra de hecho será: "maldición" o "destrucción total". No es muy buen final ¿no?

El pueblo ya se ha establecido en Jerusalén y han recuperado sus prácticas. Es verdad que los judíos ya no rinden culto a ídolos pero no están exentos de otros peligros:

1. Están ofreciendo animales enfermos, con defectos. Hay una dejadez e indiferencia espiritual. La gente ofrece los sacrificios de manera religiosa pero no de corazón, no les importa realmente. Además, los sacerdotes toleran ese comportamiento.

2. Sigue habiendo matrimonios mixtos con mujeres que adoran a ídolos, ya no les importa la pureza.

3. No pagan el diezmo y con esto no solo incumplen un mandato sino que se demuestra la avaricia y el egoísmo del pueblo que no quiere invertir en el bien común. Se beneficiaban, consumían espiritualidad pero no querían asumir el compromiso de bendecir a otros.

4. Y por último había injusticias sociales, opresión a los pobres y privación de justicia a los desamparados.

¿Cómo se aplicarían estos peligros en nuestro contexto hoy?

Ejemplo: ofrecer animales imperfectos sería no darle lo mejor a Dios, acudir a los lugares cuando nos interesa, no tener disciplinas espirituales y solo prestar atención a Dios cuando creemos que lo necesitamos.

Vemos entonces un sistema que funciona, donde la gente está, pero que ha perdido la esencia. Una religión sin contenido, sin corazón, donde las cosas se hacen por inercia.

Este puede ser el caso de muchos de nosotros, que podemos formar parte del sistema pero quizá estemos haciendo las cosas solo por hacerlas, siendo apáticos o hipócritas en nuestras conductas y decisiones, dándole las sobras a Dios y no colocándolo donde se merece: en el centro de nuestras vidas'

¿Cómo definirías la hipocresía?

La hipocresía es una palabra que viene del griego, significa actor. Cuando un actor griego se ponía una máscara era un hipócrita. A veces nos descubrimos a nosotros mismos con máscaras, incluso cristianas, haciendo supuestamente lo correcto, pero solo es actuación.

¿Crees que es un peligro que nos puede afectar hoy? ¿Cómo?

En este libro vemos al mensajero planteando una serie de "polémicas" para hacer reflexionar al pueblo de Dios. Veamos si nos hace reflexionar también a nosotros.

Descarga en www.e625.com/lecciones material complementario para esta sección.

División y estructura

- Polémica sobre el amor de Dios: 1:1-5.
- Polémica con los sacerdotes sobre el honor de Dios: 1:6- 2:9.
- Polémica sobre la infidelidad del pueblo: 2:10-16.
- Polémica sobre el juicio de Dios: 2:17- 3:6.
- Polémica sobre volver a Dios: 3:7-12.
- Polémica sobre la rebeldía contra Dios: 3:13-17.
- Advertencias acerca de la venida del gran día del Señor: 4:1-6.

Indiferencia Espiritual

En algunos momentos de Malaquías vemos al pueblo interpelando a Dios con expresiones que reflejan su corazón roto.

Buscar los textos sugeridos y completar la tabla que facilitamos en **e625.com/lecciones.** En grupos de dos o tres que lean los contextos de los versículos y busquen cuál es el problema y qué nos podemos preguntar nosotros hoy. Usa el primero como ejemplo si lo crees conveniente.

1. *¿De qué manera nos demuestras que nos amas?* 1:2. Esto habla de falta de confianza en Dios, porque argumentaban que Él no había sido fiel.
Aplicación: ¿pensamos que Dios no está siendo fiel con nosotros?

2. *¿Cuándo hemos tenido en nada tu gran fama?* 1:6. ¿Sacrificios rituales inadecuados dices? *¿Cuándo hemos hecho tal cosa?* 1:7. Esto nos habla del desgano y la indiferencia. Simplemente hacían lo correcto.

Aplicación: ¿ofrecemos toda nuestra vida de corazón a Dios? ¿O solo cumplimos con los rituales?

3. *¡Jamás hemos desobedecido tus instrucciones!3:7.* Esto nos habla de una ceguera terrible ante el propio pecado.
Aplicación: cuando nos enfrentamos a nuestro propio pecado, ¿ponemos excusas?

4. *¿Cuándo te hemos robado? 3:8.* Esto habla del egoísmo y la avaricia del pueblo.
Aplicación: ¿ofrendamos con alegría nuestras vidas y recursos a Dios?

5. *¿Qué cosas malas hemos dicho contra ti? 3:13.* Esto expone la insensibilidad del pueblo.
Aplicación: ¿servimos a Dios de todo corazón?

El final de este libro (y por tanto del Antiguo Testamento) es enigmático:

Miren, antes de que llegue mi día de juicio, que será un día muy impactante, yo les enviaré otro profeta como Elías. Su predicación hará que los padres y los hijos se reconcilien, que lleguen a compartir las mismas buenas intenciones y sean impulsados por las mismas buenas motivaciones. Así, cuando yo llegue, no tendré que castigarlos, destruyendo completamente su país. (Malaquías 4:5-6).

El libro termina esperando al Mesías y diciendo que antes de Él tiene que volver Elías. Como saben, Elías no murió, y los judíos creían que volvería para señalar al Mesías prometido.
Lee Mateo 11:14

¿Qué nos dice este texto?

Al final, aunque hay unas palabras de esperanza, termina sin resolver, es como que falta una segunda parte. Los judíos siguen esperando al Mesías, nosotros ya lo hemos encontrado, sabemos responder a la pregunta que el Antiguo Testamento nos plantea.

Preguntas importantes, decisiones importantes:

¿Qué hemos aprendido de Malaquías?

¿Vemos esto en la realidad de nuestras vidas? ¿Una espiritualidad superficial y vacía? ¿En qué medida o cómo lo vemos?

¿Y Jesús?

Jesús será la respuesta a la incógnita de este último profeta del Antiguo Testamento. Él enviará "su mensajero" para anunciar a Jesús. Juan Bautista, el Elías que esperaban, señalará a Jesús y dirá: ¡Aquí viene el Cordero de Dios, que quita el pecado del mundo! (Juan 1:29).

Decide:

Decido no vivir una vida superficial y de apariencia espiritual. No quiero ser solo parte de un sistema acomodado y solo hacer lo que "debo hacer". Quiero vivir de corazón y con todas mis fuerzas para Dios, y seguir confiando en Él.

 Orar es una buena decisión. Tiempo y dinámica de oración para despedir.

 Recuerda descargar las lecturas diarias "Para profundizar y aplicar" desde www. e625.com/lecciones.

Lección 24 > ¿CÓMO SE DISTINGUEN Y COMPLEMENTAN EL AT Y NT?

Llegamos a la bisagra que divide la Biblia en dos: el Antiguo y el Nuevo Testamento. Son dos conjuntos distintos, es obvio. Pero, ¿presentan a un Dios distinto? ¿Un Dios que en el AT era un juez ahora se convierte en todo amor y perdón? ¿Hay continuidad o discontinuidad en la historia de la salvación?

Por qué crees que es importante el Antiguo Testamento?

¿Cuál será la diferencia mayor entre los dos testamentos?

> **No** piensen que **he venido** a anular la ley o los profetas; **no he venido** a anularlos, sino a darles cumplimiento. Jesús no vino a abolir la ley, sino a cumplirla.
>
> (Mateo 5:17 NVI).

¿Qué significa este versículo?

El Nuevo Testamento será el cumplimiento del Antiguo. En Jesús las profecías de los profetas tendrán sentido y la ley será cumplida. Lo que se veía como una sombra ahora cobra luz. Jesús será la clave para interpretar las Escrituras.

Algunas personas creen que el Antiguo Testamento y el Nuevo hablan como si fueran dioses distintos, o el mismo Dios pero que ha cambiado de opinión.

¿Por qué creen que piensan así?

Llevemos al grupo a comprender que el Dios de la Escritura es el mismo ayer, hoy y siempre. Que las preguntas que surgen de manera puntual respecto al carácter del Dios del AT tienen respuesta, y que toda la Escritura se cumple en Jesús.

¿Recuerdas alguno de los libros y cómo éstos apuntaban a Jesús?

Entre el último profeta, Malaquías, y el comienzo del Nuevo Testamento pasaron cuatrocientos años, conocidos como "el silencio de Dios". No porque Dios no hiciera nada, Él siempre está actuando aunque no lo veamos, pero nos marca un antes y un después que cambiará la historia para siempre.

División y estructura

Descarga la estructura del Nuevo Testamento desde www.e625.com/leciones.

En primer lugar, tendremos los cuatro evangelios, cuatro puntos de vista de la vida de Jesús, sus hechos y sus dichos, su vida, muerte y resurrección.

Luego le seguirá la segunda parte de uno de los evangelios. Lucas escribirá Hechos de los Apóstoles: la historia de los primeros años de la Iglesia, comenzando en Jerusalén y terminando en la capital de imperio, Roma.

Después vendrá una serie de cartas o "epístolas" (carta en griego), que escribieron algunos autores como Pablo de Tarso, que escribirá a comunidades de fe en distintas ciudades pero también escribirá cartas personales, como Filemón, y algunas como las "pastorales": 1 y 2 Timoteo y Tito.

Después está la epístola a los Hebreos, de autor desconocido, y las que escribieron Santiago, Pedro y Juan. Finalmente nos encontraremos con una breve carta de Judas y el Apocalipsis.

El Nuevo Testamento abre el mapa donde ocurren los hechos, hacia el occidente. El imperio romano será el telón de fondo donde ocurrirán todas las hazañas de los primeros cristianos, inspirados por aquel galileo que cambió el mundo. La historia no será solamente del pueblo judío, será el cumplimiento de Génesis 12:3: "Por medio de ti, yo bendeciré a todos los pueblos del mundo", una promesa hecha a Abrahám.

Si los conoces, ¿cuál es tu libro favorito del Nuevo Testamento? ¿Por qué?

Anima al grupo a memorizar el orden de los libros del Nuevo Testamento, es importante recordarlo para saber dónde ubicarse. Puedes bromear con el hecho de que ahora todos usamos el celular para leer la Biblia pero eso puede atontarnos, como cuando usamos la calculadora hasta para hacer sumas sencillas. De nuevo anímales a usar sus Biblias de papel, subrayarlas, tomar notas, etc.

El Antiguo Testamento es una sombra del Nuevo, es su precursor; el Nuevo Testamento es su cumplimiento. El uno sin el otro está incompleto. No podemos entender el sacrificio de Jesús sin conocer la historia de Israel y el Antiguo Testamento, cuando se lee desde Jesús, cobra mucho más sentido y cada una de sus páginas se alumbran con la Luz de Jesús.

Además, mucha gente tiene sus propias interpretaciones, pero la interpretación correcta, la más acertada es la del autor. Por eso Jesús dijo: "Ustedes saben que está escrito en la ley… Pero yo les digo…"

Debemos aprender a leer e interpretar el Antiguo Testamento desde el prisma de Jesús.

 Leer Lucas 24:13-35.

Leerlo a tres voces: narrador, Jesús y discípulos. Para darle un toque de humor, que lo exageren.

Cuando Jesús resucitó se acercó a dos discípulos que volvían a su casa desanimados, éstos no lo reconocieron pero Jesús pasó por toda la Escritura enseñándoles algo.

¿Qué les estaba intentando mostrar? v. 23.

¿Concuerda con lo que hemos visto en las sesiones anteriores el Antiguo Testamento? ¿Por qué?

¿Cómo les fueron abiertos los ojos?

Preguntas importantes, decisiones importantes:

¿Qué es lo que hemos aprendido de esta introducción al Nuevo Testamento?

¿Puede entenderse un Testamento sin el otro?

¿Y Jesús?

Jesús es el cumplimiento de toda la Escritura, todo lo estudiado hasta ahora apuntaba hacia Él. Ahora veremos cómo aparece en la historia y la transforma para siempre.

Decide:

Decido descubrir en toda la Palabra de Dios a la persona de Jesús para que arda en mi corazón la pasión por Dios.

 Orar es una buena decisión. Tiempo y dinámica de oración para despedir.

 Recuerda descargar las lecturas diarias "Para profundizar y aplicar" desde www.e625.com/lecciones.

Lección 25 > LOS EVANGELIOS: MARCOS

Una historia de acción

En estas primeras lecciones acerca de los evangelios veremos que cada uno de ellos pone un énfasis distinto a la persona de Jesús. Por eso, no estudiaremos todo el contenido de todos los evangelios sino los detalles más importantes y las aportaciones únicas que cada uno de ellos hace a la narrativa de la historia más importante jamás contada. Hagamos que nuestros adolescentes se apasionen con Jesús a través de estas ventanas que desde distintos puntos de vista nos acercan a Él.

El primer evangelio que se escribió fue el de Marcos, aunque aparece en segundo lugar en nuestras Biblias. Marcos fue un discípulo de Pedro, su nombre era Juan Marcos, y aparece varias veces en el libro de los Hechos y también en alguna carta de Pablo y Pedro.

Es curioso ver que no tomó las mejores decisiones al principio, pero finalmente fue útil. Marcos es mencionado en:

Hechos 15:37-39, Colosenses 4:10; Filemón 11, 1 Pedro 5:13 y 2 Timoteo 4:11.

Si leemos estos textos arriba mencionados, ¿cómo deducimos que era Juan Marcos?

Fue el que inició un nuevo género literario: el evangelio, "la buena noticia"; en él se inspiraron los evangelios de Lucas y Mateo. Gran parte del texto de Marcos se encuentra también en estos dos evangelios y tienen una perspectiva muy similar. Por eso, a estos tres textos se les conoce como los "evangelios sinópticos" (del griego: misma visión o punto de vista).

Descarga en www.e625.com/lecciones material complementario para esta sección.

Marcos no es una biografía, no empieza con la genealogía como los otros dos y no hay grandes discursos como el Sermón del Monte. Marcos es un reportero que narra la noticia de lo que está ocurriendo, acción pura orquestada por Jesús.

Es el más corto de los evangelios y es intenso. En él veremos a Jesús actuando, haciendo cosas todo el tiempo. Si los evangelios fueran ríos, Marcos sería un río lleno de rápidos, ideal para hacer rafting.

Marcos nos recuerda más sus hechos que sus palabras, aunque también hay enseñanzas de Jesús; es básicamente un evangelio de los hechos de Jesús. El Jesús que actúa, que hace milagros, que sana y transforma.

¿Por qué crees que Marcos lo que más recuerda son los hechos de Jesús?

División y estructura

Básicamente se divide en dos partes y podríamos verlo como una montaña que sube desde el capítulo 1 hasta el 8 y desciende desde ese momento hasta el 16.

Descarga la estructura en forma de montaña de Marcos para que los adolescentes vayan completando con los títulos.

Prólogo: 1:1-15
- Predicación de Juan Bautista, precursor de Jesús: 1.1-8.
- Los principios del ministerio de Jesús: 1:9-15.

1. Jesús el Mesías, el Rey: 1:16 - 8:30.
- Actividades y enseñanzas de Jesús: 1:16- 3:12.
- Proclamación del reino de Dios: 3:13- 6:6.
- Jesús se revela como el Mesías: 6:7- 8:30.

2. Jesús, el Hijo del hombre: 8:31-16:20.
- Jesús anuncia su muerte 8:31-11:11.
- Actividades de Jesús en Jerusalén 11:12-13:37.
- Pasión, muerte y resurrección 14:1-16:20.

Estos son versículos guía. Ahora narra la historia citando los que decidas.

Prólogo 1:1-15
Predicación de Juan Bautista, precursor de Jesús: 1.1-8.

Esta introducción es apoteósica. Nos presenta a Juan, un profeta en el desierto, con una vestimenta extraña.

> *Predicaba de esta manera:*
> *Pronto vendrá alguien más poderoso que yo, y ni siquiera soy digno de agacharme ante él para desatar la correa de sus sandalias. Yo los bautizo con agua, pero él los bautizará con el Espíritu Santo". (Marcos 1:7-8).*

Imagina que no supieras que está hablando de Jesús con esa presentación, ¿cómo crees que es al que está describiendo?

Los principios del ministerio de Jesús: 1:9-15.

Jesús es bautizado por Juan y es tentado por Satanás en el desierto. Después de pasar la prueba elige a algunos de sus discípulos.

1. Jesús el Mesías, el Rey: 1:16 - 8:30.
- Actividades y enseñanzas de Jesús: 1:16-3:12.

Y enseguida comienza su ministerio:

En equipos de dos hacer un listado de todo lo que hizo, milagros, etc.
¡Uno termina cansado al leer tanto movimiento!

- Proclamación del reino de Dios: 3:13-6:6.
  Y entonces elegirá a sus doce apóstoles y comenzará a enseñar.

La misma dinámica que en la sección anterior, en grupos de dos, hacer un listado de las enseñanzas de Jesús y de sus hechos.

¿Qué entiende la gente por éxito? ¿Por qué crees que la gente seguía a Jesús?
Vemos a Marcos recordando más los hechos que las palabras de Jesús. Hoy en día, la gente está cansada del simple discurso, debemos no solamente hablar sino también actuar. En el evangelio de Marcos vemos a Jesús siendo coherente con su mensaje.

¿Qué significa la coherencia?
Llevemos a los adolescentes a ver la importancia de que nuestros actos deben acompañar nuestras palabras. De nada sirve un discurso perfecto si luego nuestra vida no refleja los valores que predicamos.

¿Cómo llamamos a aquellas personas que dicen una cosa y hacen otra? ¿Cómo podemos evitar comportarnos así?

- Jesús se revela como el Mesías: 6:7-8:30.

En esta parte seguirá enseñando y haciendo milagros, hay muchos textos conocidos: la alimentación de los cinco mil, Jesús andando sobre el mar… Y esta sección termina en una cumbre, en la cima de la montaña de nuestro relato, el centro, el epicentro del texto:

Lee Marcos 8:27-30

¡El Cristo, el Mesías, el que todos esperaban, el cumplimiento de las Escrituras! Todo va hacia arriba, un hombre que hacía milagros y enseñaba como nadie. ¡Esta es la persona que estábamos esperando! se decían.

Pero quizá no cumpla con todas las expectativas porque desde este mismo punto pasamos a la siguiente sección, ya no solo será el Hijo de Dios, también será:

2. Jesús, el Hijo del hombre: 8:31-16:20.

¿Por qué crees que Jesús no solo es el Hijo de Dios sino también el Hijo del hombre?

- Jesús anuncia su muerte: 8:31-11:11.

En 8:31 nos dice que Él debía padecer mucho y ser desechado. Ya no se presenta como ese líder triunfalista, sino como alguien que ha venido para servir. En esta sección aparecerá la transfiguración, un momento sublime, pero Jesús anunciará su muerte hasta tres veces.

¿Qué crees que es más fácil seguir al Jesús que iba hacia arriba o algo que va hacia abajo?

En 10:17-27 nos habla de la famosa historia del joven rico.

¿La conocéis?

Que la cuenten o la lean.

Como nosotros, este joven quería seguir a Jesús, pero había un problema.

¿Cuál era?

En su caso las riquezas, su éxito material. Seguir a Jesús siempre será una bendición, pero implica un precio.

Muchos de nosotros tenemos impedimentos para seguirle.

¿Por qué nos cuesta seguirle?

Muchas veces sus planes no son los nuestros, Él los cambia; no podemos ir con nuestros criterios para seguirle, no siempre el camino es hacia arriba, pero si seguimos a Jesús, sea hacia donde sea, será el camino correcto.

- Actividades de Jesús en Jerusalén: 11:12-13:37.

Aquí, al llegar a Jerusalén, todo se acelera aún más. Jesús llega triunfante pero luego vuelca las mesas de los cambistas en el templo y conspiran para matarlo.
En 12:28-31 se encuentran los que Jesús considera los mandamientos más importantes.

¿Por qué crees que estos son los dos mandamientos más importantes?

- Pasión, muerte y resurrección: 14:1-16:20.

Finalmente Jesús es arrestado, juzgado, negado por Pedro, sentenciado a muerte, crucificado, luego muere y es sepultado.

Pero finalmente nos darán la noticia que lo cambia todo:

¡Ha resucitado!

El rey que vino, el Mesías, que fue hacia abajo, que vino a servir y a morir por los demás, ha resucitado. Dios nos salva a través de su sacrificio, no por su grandeza, sino porque vino y se hizo como nosotros, no solo el hijo de Dios, también es el Hijo del hombre. Marcos termina con un mensaje de esperanza para la humanidad. Jesús vino para demostrarnos que la muerte no tiene la última palabra.

Preguntas importantes, decisiones importantes:
Si la noticia que Marcos quería comunicarnos es verdad, ¿cómo cambia eso las cosas? ¿Cómo afecta eso a mi vida? ¿Es una noticia más o es la mejor noticia que jamás me han podido dar? ¿Por qué?

¿Y Jesús?

Jesús en el evangelio de Marcos es el Hijo de Dios, el Hijo del hombre, el Rey, el Mesías que vino a morir por nosotros, y que resucitó para darnos esperanza.

Decide:

Decido seguir a Jesús, me lleve hacia arriba o hacia abajo, y si hay cosas hoy que me impiden seguirlo, decido dejarlas a un lado. Decido ser coherente con mis hechos, porque las palabras, el discurso no es suficiente.

Orar es una buena decisión. Tiempo y dinámica de oración para despedir.

 Recuerda descargar las lecturas diarias "Para profundizar y aplicar" desde www.e625.com/lecciones.

Lección 26 > LOS EVANGELIOS: LUCAS

La historia de Jesús, las historias de Jesús.

Lucas es un evangelio particular. En realidad es la primera parte de una historia de dos tomos: Lucas y Hechos de los apóstoles. Es genial saber que Lucas es el único autor del Nuevo Testamento que no era judío. Es probable que fuera de Antioquía de Siria. Era pues, un gentil, como nosotros. Un médico que acompañó a Pablo en algunos de sus viajes. Este es el evangelio más humano y nos presenta a Jesús sobre todo como el Salvador. De todos, no solamente de un pueblo.

Estos dos tratados se los escribirá a un pagano que quiere saber de la historia de Jesús y la Iglesia llamado Teófilo, quien como nosotros descubrirá a Jesús en este texto como el Salvador, no solo de los judíos sino del mundo entero. Estos dos textos son una tercera parte del Nuevo Testamento, toda una hazaña.

En este evangelio hay algunas de las historias más inolvidables de Jesús: el hijo pródigo, el buen samaritano…

¿Podrías contar de memoria alguna de estas parábolas? ¿Qué aprendemos de ellas?

Es interesante cómo memorizamos mejor las historias que las normas. Estas "sencillas" parábolas de Jesús contenían principios para la vida que cambiaron la historia para siempre.

¿Qué es una parábola? ¿Qué características tenían? ¿Por qué Jesús enseñaba a través de parábolas?

Al contrario que Marcos, Lucas será más extenso e incluirá enseñanzas de Jesús donde podremos profundizar en sus discursos. Muchos de ellos serán parábolas, historias únicas que solo aparecerán en este evangelio.

Hoy estamos muy acostumbrados a hablar de Jesús como nuestro Salvador, pero a esto se lo debemos a Lucas. En Mateo y Marcos no aparece ni una sola vez, y en el evangelio de Juan aparece solo una vez, en Juan capítulo 4.

En cambio, en el evangelio de Lucas aparecerá todo el tiempo.

¿Por qué crees que esto es así?

Un tercio del libro es único, no tiene paralelo en los otros tres evangelios. Los capítulos del 9 al 19, que narran el camino hacia Jerusalén, estarán llenos de historias que nos recordarán cómo vivir "en el camino" como lo hizo Jesús.

En este evangelio nos encontraremos al Jesús más cercano y humano, "el Hijo del hombre".

División y estructura.

Esta es la estructura del evangelio de Lucas. Se divide en cinco partes.

 Descargar desde www.e625.com/lecciones las cinco partes para proyectarlas y que siempre se encuentren en el marco del evangelio. Imprimir para que puedan tomar notas.

1. Introducción a Juan el Bautista y Jesús: 1:1-2:52.

Esta parte nos cuenta el nacimiento de Juan bautista y de Jesús. Está llena de canciones: canta María, canta (profetiza) Zacarías, e incluso cantan las huestes celestiales.

 Identificar en grupos de dos o tres personas dónde se encuentran esos cánticos y estudiar su contenido: ¿qué quieren comunicar? y ¿cuál es la razón de que se cante?

 Puedes hacer tres grupos distintos para que cada uno descubra una de esas canciones.

 Recuerda medir bien el tiempo. Si ves que es demasiado contenido o que les llevará demasiado tiempo hacer esta dinámica, solamente menciónalo. El centro de esta lección tiene que ver con estudiar la parábola del hijo pródigo.

2. Preparación para el ministerio: 3:1-4:13.

Aquí aparece el ministerio de Juan Bautista y cómo Jesús es bautizado por él. En 3:23-38 aparece su genealogía. En Mateo también aparece, pero llega hasta Abraham. En Lucas va hacia atrás hasta Adán, porque Jesús no solo es el Salvador de los judíos sino de todo el mundo, todos los hijos de Adán.

Luego aparece la tentación de Jesús en el desierto, más detallada que en Marcos, y acto seguido comienza su ministerio.

3. Ministerio en Galilea, la revelación de Jesús: 4:14-9:50.

En 4:16-19, en la sinagoga Jesús lee un texto de Isaías 61 que dice que habla sobre Él. Es su declaración de intenciones.

Según este texto ¿a qué vino Jesús?

¿Podemos hacer nuestra esta declaración de intenciones? ¿Cómo?

Recuerda conectar la lección de Isaías, y cómo éste apuntaba ya a Jesús.

Leamos Lucas 5:30-31.

Vemos a dos grupos de personas que aparecen constantemente en el evangelio: por un lado los maestros de la ley y los fariseos, gente que cree que está sana, expertos de la religión que acusan a los demás, y por otro lado los recaudadores de impuestos y los pecadores, la gente en bancarrota espiritual pero que saben que necesitan misericordia.

¿Qué significa que Jesús ha venido por los enfermos y no por los que están sanos?

En esta parte del evangelio hay milagros, sanidades, echa fuera demonios, etc. Ya introduce algunas parábolas y enseñanzas y alimenta a las multitudes. Juan bautista es ejecutado y Pedro le confiesa como el Cristo de Dios (9:20). Jesús entonces anuncia su muerte, se transfigura en el monte Tabor y vuelve a anunciar su muerte, aunque los discípulos no lo entienden.

4. Viaje a Jerusalén, rechazo de los judíos y nuevo camino: 9:51- 19:44.

Por fin en esta sección Jesús comienza el camino hacia Jerusalén y encontramos muchas de las enseñanzas únicas de este evangelio. Aquí hay muchas desavenencias con los fariseos y los que tratan de eliminarlo. También enseña sobre la oración, aparece aquí la versión corta del Padre nuestro, en Lucas 11. Se nos habla del precio de seguirle en su camino, de lo que cuesta seguirle.

Y llegamos a una de las cumbres más recordadas del Nuevo Testamento, la parábola de Lucas 15 del hijo Pródigo.

Leer la parábola del hijo pródigo. 15:11-32.

Lucas quince tiene tres parábolas contadas frente a los dos tipos de personas que hemos mencionado antes. Son historias muy parecidas, con una estructura parecida:

1. *Algo se pierde.*
2 *Alguien va a buscarlo.*
3. *Lo encuentra.*
4 *El resultado es gozo.*

Descarga en www.e625.com/lecciones material complementario para esta sección.

Todos conocen esta historia: un padre y dos hijos. Un hijo menor que lo desperdicia todo pero que vuelve en sí y se acerca a casa apelando solo a la misericordia de su padre. En esta historia se nos muestra el corazón de Jesús por los perdidos.

¿Cuál es tu versículo favorito de este texto?

¿Con cuál personaje de esta historia te identificas más? ¿Con el hermano mayor o con el menor?

¿Cuál era el problema de hijo pródigo? ¿Y el del hermano mayor?

Hacemos dos equipos, el del hermano mayor y el del hermano menor y cada uno de ellos, de acuerdo al texto, hace una lista de buenas y malas decisiones que tomaron cada uno de los hermanos respectivamente. Luego las compartimos con todo el grupo.

¿Cuál de los dos es mejor?

La idea es que ninguno de los dos, pero al final, el hermano menor sí que está en la fiesta, mientras que el mayor no se ha decidido.

Descargar ficha para los dos equipos.

Muchos se van de casa pero otros se quedan aunque sin experimentar el amor del Padre. Este puede ser un tema muy importante para los adolescentes que hay en el grupo. La mayoría quizá sean hijos de creyentes, acostumbrados al ambiente "cristiano", a estar en casa como el hermano mayor, pero sin disfrutar de papá Dios. Si lo crees conveniente enfócate en este punto y ten sensibilidad pastoral para tratar el tema.

Aprovecha que el énfasis en Lucas es que Jesús es el Salvador, no importa cuán lejos o cerca estés de casa, lo importante es si el Padre te ha abrazado, has reconocido tu error y reconoces a Jesús como tu salvador. Esta sección puede ser importante para los adolescentes y su decisión de seguir a Jesús, no solamente "estar".

5. Jerusalén, Jesús es ejecutado y resucitado: 19:45-24:53.

Al llegar a Jerusalén hace la purificación del templo, en 19:45-48 y ese será el detonante final para que procuren matarlo.

Será arrestado en el capítulo 22 y finalmente, en esta quinta sección, Lucas nos narra la muerte de Jesús. Como médico dará muchos datos importantes de lo que tuvo que sufrir.

¿Por qué Jesús sufrió tanto? ¿Era solo un dolor físico?

Aquí puedes invertir algo de tiempo en usar versículos que narren lo que Jesús pasó por nosotros, y cómo ese sacrificio fue hecho por amor, para salvarnos. Algunos versículos que puedes usar: 22:63-65; 23:33, 36, 46.

El capítulo 24 es un buen final, la resurrección,

> *¿Por qué buscan entre los muertos al que vive?*
> *No está aquí; ha resucitado.* (Lucas 24:5-6).

A Jesús no se lo encuentra entre los muertos, sino entre los vivos. La resurrección es nuestra gran esperanza. La resurrección confirma que las decisiones de Jesús fueron las correctas. El fin de las decisiones de conocer al Padre, de vivir para Él, no es la muerte, sino la vida, la esperanza, la eternidad, y la resurrección lo confirma.

El final del capítulo 24 de Lucas, lo vimos en la lección 23.

Preguntas importantes, decisiones importantes:

De los dos grupos que aparecen en el evangelio de Lucas, fariseos e intérpretes de la Ley por un lado, y los pecadores y recaudadores por otro, ¿con cuál te sientes más identificado?

¿Cuál crees que es la idea central acerca de Jesús que Lucas nos quería transmitir?

¿Qué es lo más importante para ti de esta lección?

¿Y Jesús?

Jesús es el Salvador y este evangelio nos lo recuerda una y otra vez. Él es el salvador del mundo entero y también quiere ser el tuyo.

Decide:

Decido reconocer a Jesús como mi Salvador. Su resurrección es la demostración de que Él estaba en lo correcto. Decido reconocer que necesito sanidad en el corazón, y si Jesús vino por los enfermos, entonces, que venga por mí.

 Orar es una buena decisión. Tiempo y dinámica de oración para despedir.

Recuerda descargar las lecturas diarias "Para profundizar y aplicar" desde www.e625.com/lecciones.

Lección 27 > LOS EVANGELIOS: MATEO

Mateo es el evangelio de la comunidad, de la Iglesia; de hecho es el único evangelio donde aparece esta palabra. En este evangelio no solo hay acción como en Marcos, sino que se alternan pasajes de enseñanza como el Sermón del Monte, las parábolas, etc. Tiene una estructura muy pedagógica (ver estructura más adelante) para afianzar los conceptos sobre Jesús que el autor quería transmitir, no solamente sus acciones, sino también sus palabras, las palabras del Maestro. Es en este evangelio donde aparece la palabra Iglesia, en los otros tres no aparece. Están en Mateo 16:18 y en el capítulo 18.

La importancia de la comunidad, y lo que debemos aprender en ella, tiene más peso en este evangelio que en los demás.

¿Por qué es importante la Iglesia? ¿Qué nos aporta? ¿Qué aportamos nosotros?

Junto con Marcos y Lucas se denominan los "evangelios sinópticos" (misma óptica, mismo punto de vista) porque están muy emparentados entre sí y comparten mucho material, a pesar de que cada uno de ellos hace un énfasis distinto de la persona de Jesús, tan rica en matices.

Todo el mundo conoce la gran comisión que se encuentra al final del evangelio. Ahí vemos algunas de las últimas palabras de Jesús a sus discípulos, y son muy importantes para n osotros hoy. Debemos decidir en esta lección si hacemos nuestra esta misión o si nos desentenderemos del proyecto que Jesús tiene para este mundo.

¿Crees que Jesús nos dejó una misión que cumplir? ¿Cuál? ¿Cómo podemos llevarla a cabo?

En esta lección queremos proponerles a los adolescentes que tengan un proyecto de vida, que decidan seguir el proyecto de vida de Jesús: la Gran Comisión, siendo discípulos de Jesús y siguiendo sus enseñanzas. Que la vida de Jesús sea un ejemplo de una vida con un sentido, con un propósito. Que Dios no sea solamente algo más que añadir a su vida, sino el motor de lo que hacemos y somos. Para ello nos centraremos en los cinco sermones que aparecen en el evangelio de Mateo para conectarlos con la gran comisión. Así, la estructura de este evangelio nos animará a vivir en la misión y a decidir cumplir la Gran Comisión.

División y estructura

Esta es la estructura de Mateo:

1. Infancia de Jesús: 1:1- 2:23.

Aquí aparece la genealogía de Jesús desde Abraham. El evangelio de Mateo iba dirigido a personas de trasfondo judío.

2. Comienzo del ministerio de Jesús: 3:1- 4:11.

3. Ministerio de Jesús en Galilea: 4:12 - 13:58.

- Sermón del Monte: 5:1- 7:29.
- Sermón de la Mision 10:1 - 11:1.
- Las parábolas del Reino: 13:1 -58.

4. Ministerio de Jesús en diversas regiones: 14:1-20:34.
- Sermón de la vida en comunidad: 18:1-35.

5. Jesús en Jerusalén, la pasión: 21:1 - 28:20.
- Sermón del final de los tiempos: 24:1-25:46.
- Pasión, muerte y resurrección: 26:1-28:20.

 Descarga los cinco sermones de Mateo y las cinco partes de la Gran Comisión en www.e625.com/lecciones.

 Hacemos cinco grupos o equipos y repartimos un sermón a cada uno de ellos. Tienen quince minutos para leerlo y ver de qué se trata ese sermón respondiendo a dos preguntas:

¿Cuál creemos que es la idea central?
¿Qué aplicación tendría para hoy?

Después debemos conectar los sermones a la gran comisión.

 Estos cinco sermones corresponden a una frase de la Gran Comisión. La idea es que la Gran Comisión condensa la enseñanza de los cinco sermones que propone Mateo. Aquí indicamos la correspondencia de los sermones con la frase y la explicación para que puedas compartirlo con los adolescentes:

La Gran Comisión: Mateo 28:18-20.

Y Jesús se acercó y les habló diciendo:

He recibido toda autoridad en el cielo y en la tierra. —————

SERMÓN DEL MONTE 5:1- 7:29.   Jesús, como Moisés, se pone a enseñar en el monte, Él es el nuevo "legislador". Dirá: "Ustedes saben que está escrito en la ley... Pero yo les digo..." Ahora Él tiene la potestad, Él es el que nos enviará porque tiene la potestad de hacerlo. Él es el que verdaderamente puede interpretar las Escrituras. Esta tierra le pertenece a Jesús.

Por lo tanto, vayan y hagan discípulos en todas las naciones, —————

SERMÓN DE LA MISIÓN 10:1 - 11:1. Aquí se nos indica cómo debemos ir.

Bautícenlos en el nombre del Padre, del Hijo y del Espíritu Santo, ——

LAS PARÁBOLAS DEL REINO 13:1 -58. Jesús nos sumerge en historias no para entenderlo absolutamente todo sino para experimentarlo, para poder saborear el amor de Dios expresado en el amor de la Trinidad. El bautismo es una experiencia que te sumerge para formar parte de esa historia que cuenta Jesús. ¿Queremos formar parte de sus parábolas?

...y enséñenles a obedecer los mandamientos que les he dado. ————

SERMÓN DE LA VIDA EN COMUNIDAD 18:1-35. Cómo debemos vivir en comunidad, con el perdón como fundamento y teniendo en mente siempre a los perdidos.

De una cosa podrán estar seguros: Estaré con ustedes siempre, hasta el fin del mundo. ————

SERMÓN DEL FINAL DE LOS TIEMPOS 24:1-25:46. Debemos recordar que el final de la misión es su regreso. Él volverá a terminar lo que empezó. En esto está arraigada nuestra esperanza.

 Descarga en www.e625.com/lecciones material complementario para esta sección.

Preguntas importantes, decisiones importantes:

¿Crees que la Gran Comisión era solo para los discípulos que estaban allí o es también para nosotros? ¿Por qué?

¿Qué cosas cambiarían en tu vida si la gran comisión fuera tu prioridad?

¿Porque crees que no cumplimos la Gran Comisión?

¿Y Jesús?

Jesús es el Mesías, el esperado en el Antiguo Testamento. Mateo constantemente anclará la persona de Jesús a las profecías del Antiguo Testamento. Él será el cumplimiento de la Escritura. El primer libro que aparece en nuestras Biblias del Nuevo Testamento nos demostrará que tiene sus raíces en el Antiguo.

Cuando estudiábamos el Antiguo Testamento veíamos cómo éste apuntaba a Jesús. Ahora en Mateo, vemos cómo el autor quiere anclar a Jesús en las profecías del Antiguo Testamento.

Decide:

Decido asumir la Gran Comisión, el encargo que Jesús nos dejó a todos los que hemos decidido seguirle.

Podrías proponer al grupo memorizar esta semana los últimos versículos de Mateo 28:18- 20.

Orar es una buena decisión. Tiempo y dinámica de oración para despedir.

Recuerda descargar las lecturas diarias "Para profundizar y aplicar" desde www.e625.com/lecciones.

Lección 28 > LOS EVANGELIOS: JUAN

Presentando logos

El último evangelio que se escribió fue el de Juan. Es el más íntimo de todos, el que nos muestra a la persona de Jesús muy de cerca, desde adentro.

Propósito del evangelio de Juan

Leamos Juan 20:31.

Pero éstas se han escrito para que ustedes crean que Jesús es el Cristo, el Hijo de Dios, y para que al creer en su nombre tengan vida.

Según este texto, ¿cuál es el objetivo de este evangelio?

El propósito de este evangelio es cómo hallar la vida eterna, conocer y confiar en Jesús, el Hijo de Dios.

¿Cuál crees que es la palabra más repetida en este evangelio?

La palabra más repetida es la palabra *creer*. Juan nos irá dando una serie de señales (siete, un número que le gustaba mucho) con el mismo objetivo: que podamos creer en Jesús, es decir, poner nuestra confianza en Él.

Porque no es solamente creer lo correcto, es decir, sabernos las respuestas correctas. Creer en el sentido bíblico es poner nuestra confianza.

En este evangelio se encuentra quizá el versículo más conocido de toda la Biblia, ¿te lo sabes de memoria?

Juan 3:16:

Dios amó tanto al mundo, que dio a su único Hijo, para que todo el que cree en él no se pierda, sino tenga vida eterna.

¿Por qué crees que es el más conocido?

Descarga en www.e625.com/lecciones material complementario para esta sección.

División y estructura.

Prólogo: 1:1-18.

1. Ministerio público de Jesús, el Cristo: 1:19 - 12:50.
- Juan Bautista: 1:19-34.
- Comienzo del ministerio de Jesús: 1:35 -3:36.
- Jesús es el Cristo, enfrentamiento con las autoridades judías: 4:1-6:71.
- Jesús es la Luz y la vida para el mundo: 7:1 -12:50.

2. Pasión, muerte y resurrección: 13:1 - 21:25.
La última cena 13:1-17:26. Este apartado es especial para nosotros. En él, Juan nos abre la puerta del lugar donde fue la última cena y durante cinco capítulos nos presenta las palabras que Jesús dio a sus discípulos en aquel momento tan importante. Era el último momento a solas que pasaría con sus discípulos antes de la pasión y la cruz, y lo que dijo fue profundo, para no olvidar. Antes de hablar lavará los pies a sus discípulos, un acto de servicio y humildad que los marcará para siempre.

Veamos algunas cosas que Jesús dijo en esa cena, sentémonos y escuchemos:

Nos sentamos en el suelo, en círculo, como en una cena del siglo I. Que cada uno lea un versículo y los demás interpreten lo que quería decir, juntos. Debes facilitar la participación.

Las palabras de Jesús en la cena:

13:35,   14:6,   14:15-17,   15:16-17,   16:7,   17:3,   17:15, 17:21.

- Arresto, juicio, muerte y sepultura.18:1 - 19:42
- La resurrección: 20:1 - 21:23
- Epílogo: 21:24, 25.

En este evangelio hay una peculiaridad: Juan mostrará siete señales para hablar acerca de la divinidad de Jesús.

Las 7 señales:

- Agua en vino 2:1-11.
- La curación del hijo de un oficial del rey 4:46-54.
- La curación de un paralítico 5:1-18.

- Alimentación de una multitud 6:1-14.
- Jesús camina sobre las aguas 6:16-21.
- La curación de un ciego de nacimiento 9:1-12.
- La resurrección de Lázaro 11:1-45.

¿Cuál de estas señales es tu favorita? ¿Cuál crees que es la mejor para demostrar que Jesús es el Hijo de Dios, digno de confianza?

Puedes elegir un par de estas señales y leerlas a fondo. Todas estas señales tienen el propósito de que el lector tome una decisión de confianza en Jesús, de creer en Él. Esta es la tónica del evangelio de Juan. ¡Por eso muchos recomiendan leerlo primero!

Anima a los adolescentes a dar el paso de fe a través de estas señales.

Las señales no son un fin en sí mismo, sino que apuntan a algo. En este caso, estas señales apuntan a Jesús. Todo el evangelio de Juan se trata de eso.

Este evangelio maravilloso termina con una frase enigmática hacia Pedro:

En Juan 21:22 Jesús le dijo: *Si quiero que él siga vivo hasta que yo regrese, ¿qué te importa a ti? Tú sígueme.*

Lo importante es la decisión personal que tomemos nosotros hacia Jesús, independientemente de lo que decidan otros.

Preguntas importantes, decisiones importantes:

¿Cuál crees que es la lección más importante del evangelio de Juan?

¿Por qué Juan no está dentro de los evangelios sinópticos?

¿En qué se diferencia de los otros tres?

¿Cuál es tu evangelio favorito?

¿Y Jesús?

Jesús es el Hijo de Dios. En Juan Jesús es el Verbo hecho carne, no hay genealogía, Juan lo conecta directamente con Dios. Y lo increíble de ese Verbo, de esa Palabra, de ese ser eterno, es que se hizo carne, se hizo un hombre y habitó entre nosotros. Se hizo comprensible y por eso podemos conocerlo y confiar en Él.

Decide:

Decido creer en Jesús, el Hijo de Dios, y confiar en Él. Porque todo aquel que cree en Él tiene vida eterna.

 Orar es una buena decisión. Tiempo y dinámica de oración para despedir.

Recuerda descargar las lecturas diarias "Para profundizar y aplicar" desde www.e625.com/lecciones.

Lección 29 > HECHOS 1-12

El big bang de la Iglesia

Jesús ha resucitado y ahora la Iglesia tiene la posta para hacer llegar el mensaje del Señor hasta el fin del mundo. Nos encontramos en la segunda parte que escribió Lucas a Teófilo. En este segundo tomo nos encontraremos a la primera Iglesia compartiendo el evangelio por todo el imperio romano, de la mano de algunos cristianos: Pedro en primer lugar, apóstoles y seguidores de Jesús, y también el inesperado Pablo de Tarso.

¿Sabes quién era Pablo de Tarso?

Veremos su conversión y cómo pasó de ser un perseguidor de la Iglesia a ser el apóstol de los gentiles.

El libro comienza en Jerusalén y termina en el corazón del imperio: Roma. En esta primera parte veremos la iglesia en Jerusalén y sus primeros pasos hacia los gentiles. En la segunda parte ahondaremos en los viajes misioneros de Pablo acabando encarcelado en la capital imperial.

Dios nos llama a ser testigos, esa será la invitación de esta lección; ser testigos allí donde estemos de la resurrección de Jesús, de lo que Él ha hecho en nuestras vidas y puede hacer en la vida de muchos.

¿Qué es ser testigo de un hecho? ¿Cuál es el trabajo de un testigo?

Hoy nosotros somos herederos de es "Iglesia primitiva" y seguimos siendo llamados a ser testigos de la resurrección. Veamos cómo se estructura el libro de los hechos de los apóstoles:

División y estructura.

Descarga la estructura desde www.e625.com/lecciones

-Prólogo: 1:1-26.
-Predicación del evangelio en Jerusalén: 2:1 -8:3.
   Pentecostés: 2:1-42.
   Vida de los primeros cristianos: 2:43 - 5:16.
   Persecuciones: 5:17 - 8:3.

¿Por qué sufrían persecución los primeros cristianos?

¿Hoy en día los cristianos sufren persecución?

-Predicación del evangelio en Samaria y Judea: 8:4 - 9:43.

-Predicación del evangelio a los gentiles: 10:1 -28:31.

Actividad de Pedro: 10:1 -12:25.

-Prólogo 1:1-26

En Hechos 1:8 dice lo siguiente:

> *Sin embargo, cuando el Espíritu Santo descienda sobre ustedes recibirán poder para ser mis testigos no sólo en Jerusalén, sino también en toda Judea, en Samaria y hasta lo último de la tierra.*

Y este será el orden de los hechos: primero Jerusalén, luego ocurrirán cosas en Judea y Samaria, y finalmente los confines de la tierra con los viajes misioneros de Pablo y su equipo.

-Predicación del evangelio en Jerusalén: 2:1 -8:3.

> *Pentecostés: 2:1-42.*

> *En los evangelios vemos a Jesús "con nosotros". Pero en Hechos viene la promesa, de Dios "EN nosotros" el Espíritu Santo. El texto fundacional de la iglesia se encuentra en Hechos 2:2-4 (leer). En este texto se expresa la intención de Dios de que el mensaje llegue a todos, a gente de toda lengua y nación. Y Pedro, acto seguido, se levantará para compartir el primer discurso de la Iglesia, un resumen de la vida de Jesús, su muerte y resurrección. Aquel día se añadieron ¡tres mil personas!*

Vida de los primeros cristianos: 2:43 - 5:16.

Persecuciones: 5:17 - 8:3.

> *¿Por qué sufrían persecución los seguidores de Jesús? ¿Hay gente hoy que sufre persecución por el evangelio? ¿Quiénes?*

-Predicación del evangelio en Samaria y Judea: 8:4 - 9:43;

En esta sección aparece un protagonista inesperado: Saulo de Tarso, al que hoy conocemos como Pablo, el apóstol.

En el capítulo 9 encontramos esta increíble historia:

Leer Lucas 9:1-16.

¿Cómo era la vida de Saulo antes de encontrarse con Jesús?

En los versículos 15 y 16 vemos la cara y "la cruz" del llamado de Jesús.

Enseñar una moneda y ver, por un lado, que Dios quiere que seamos útiles en sus manos (la cara de la moneda, versículo 15) pero también deberemos pagar un precio para ser ese instrumento (la cruz de la moneda, versículo 16).

Muchos quieren ser y vivir el versículo 15, pero no el 16.

¿Por qué?

Dios nos llama a cambiar nuestra vida, nuestro rumbo, para compartir su buena noticia, que lo cambia todo. Decidirse por Jesús a veces implica "padecer", dejar algunas cosas a un lado, algunos de mis derechos para comenzar a vivir para otros. Sin esto, el libro de los Hechos no hubiera sido posible

-Predicación del evangelio a los gentiles: 10:1 -28:31.

Actividad de Pedro: 10:1 -12:25.

En esta narración Pedro se ve confrontado con su religiosidad ¡por el mismo Dios! a través de un lienzo con animales inmundos (Hechos 10:1-16).

Dios tenía que cambiar las estructuras de Pedro, que no había entendido que el evangelio era también para los gentiles (algo que él consideraba inmundo).

¿Tenemos nosotros también estructuras religiosas mentales que nos impiden cumplir con la misión?

Imprime el lienzo correspondiente a esta lección en www.e625.com/lecciones.

'Hacer dos equipos que llenen esos lienzos, respondiendo a la pregunta: ¿Qué quiere Dios que usemos que antes no "se podía usar"?

Dios trabajó en el corazón de Pedro para que fuera capaz de ir a casa de Cornelio, un gentil, y presentarle el evangelio (10:34; 44).

Tenemos que decidir romper con estructuras limitantes para la misión y abrazar el nuevo paradigma de Dios.
(En la siguiente lección veremos el resto de la estructura)

 Descarga en www.e625.com/lecciones material complementario para esta sección.

Preguntas importantes, decisiones importantes:

 ¿Estamos dispuestos a ser "la continuación de los evangelios"? ¿Vivir los Hechos?

¿Qué necesitamos para ser "testigos"? ¿Qué cosas debemos padecer o podríamos padecer por ser testigos?

¿Y Jesús?

Jesús es el resucitado que aparece en la vida de muchos para transformarlos. Jesús es el que envía a su Espíritu y habita en nosotros para impulsarnos hasta lo último de la tierra.

Decide:

Hoy decido ser testigo de Jesús y de su resurrección allí donde esté: en mi casa (Jerusalén) o lejos de ella. Me comprometo a dar fe de lo que Dios ha hecho en el mundo y en mi vida.

 Orar es una buena decisión. Tiempo y dinámica de oración para despedir.

 Recuerda descargar las lecturas diarias "Para profundizar y aplicar" desde www.e625.com/lecciones.

Pablo, el misionero hasta lo último de la tierra

La extensión del mensaje de esperanza continua. Esta vez, de manos de Pablo de Tarso, aquel perseguidor de la Iglesia que se encontró con Jesús camino a Damasco.

Será enviado por la iglesia a la que pertenece, Antioquía, para compartir el evangelio a lo largo y ancho del imperio. Fundará iglesias en diversas ciudades, compartirá el evangelio por la actual Turquía. También pasará por Grecia y terminará en Roma. En Hechos están registrados tres de sus viajes, quizá hizo alguno más, e intentaremos reconstruir juntos en esta lección su recorrido y también sus enseñanzas.

Tuvo que aprender a decidir dependiendo de la voz de Dios en todo momento para saber qué hacer. Así también nosotros debemos aprender a escuchar su voz en la misión que nos ha encomendado.

Descarga en www.e625.com/lecciones material complementario para esta sección.

División y estructura

Primer viaje misionero de Pablo: 13:1 - 14:28.

La asamblea de Jerusalén: 15:1–35.

Esta asamblea ocurrió después del primer viaje misionero. En ella se decidió que los gentiles podían formar parte del pueblo de Dios, sin necesidad de circuncidarse o formar parte del pueblo judío. Esto supuso un salto extraordinario en la misión de los cristianos al mundo. Fruto de ello es que estamos hoy aquí.

Segundo viaje misionero de Pablo: 15:36 - 18:22.

Tercer viaje misionero de Pablo: 18:23 - 20:38.

Prisión de Pablo y viaje a Roma: 21:1 - 28:31.

Finalmente Pablo es apresado pero seguirá compartiendo del Señor allá donde vaya, delante de autoridades, dignatarios y quizá finalmente delante del propio César. Así se cumplió lo que se dijo en Hechos 9:15- 16, ¿lo recuerdas?

 Hacer tres grupos: los equipos misioneros. Imaginemos que viajamos con Pablo para tomar nota de todo lo que ocurre, como corresponsales de misiones. Cada uno de los grupos estudiará uno de los viajes de Pablo completando los datos que se piden y luego por orden se exponen al resto del grupo.

Descargar la ficha, "Informe misionero siglo I".

Ficha:

- Viaje misionero número _ _ _.
- Quiénes viajaban con Pablo.
- Qué ciudades visitó - Qué ocurrió.
- Ciudad: Hechos a recordar:

¿Hubo algún problema? ¿Qué cosas buenas ocurrieron?

Dos o tres frases importantes pronunciadas por Pablo en este viaje que consideramos muy importantes.

Esto fue lo que hizo Lucas: recogió lo que ocurrió durante esa época y por eso nos ha llegado hasta hoy. Muchas gracias a los valientes que decidieron vivir la aventura de ser guiados por Dios hasta lo último de la tierra.

Preguntas importantes, decisiones importantes:

¿Qué aprendemos de los viajes misioneros de Pablo?

¿Estaríamos dispuestos a ir donde el Señor nos llame? ¿Por qué?

¿Qué cosas nos costaría dejar para seguir nuestro llamado?

¿Y Jesús?

Jesús es la mejor noticia que se puede dar al mundo; es el que presenta al único Dios Verdadero en medio de todos los dioses de Atenas. Ese Dios desconocido que hemos sido llamados para dar a conocer.

Decide:

Decido vivir la aventura de seguir a Jesús, me lleve donde me lleve, y ser un heredero fiel de aquellos que en el libro de los Hechos eran testigos de la resurrección.

 Orar es una buena decisión. Tiempo y dinámica de oración para despedir.

 Recuerda descargar las lecturas diarias "Para profundizar y aplicar" desde www.e625.com/lecciones.

Lección 31 > SANTIAGO

Salvos por fe, para obras

Nos encontramos con uno de los libros más prácticos del Nuevo Testamento. Es como un manual de instrucciones de la vida cristiana. No a todo el mundo le gustan los manuales de instrucciones, pero son útiles. Muchos de nosotros seríamos incapaces de armar un mueble sin las instrucciones, o lo armaríamos mal.

Santiago es una carta eminentemente práctica más que teológica. Tratará diversos temas de manera condensada: las pruebas, no solamente escuchar sino hacer, ser imparcial, el uso del lenguaje y cosas que van más allá de declaraciones teológicas teóricas.

La idea central será que "la fe sin obras está muerta".

¿Qué quiere decir esta frase?

Sabemos que somos salvos por gracia, como dice Efesios 2:8, pero es indudable que las obras acompañan a lo que creemos. Las obras son la demostración natural de nuestra fe. Si en la locomotora de nuestra vida está ardiendo el carbón de la fe, los vagones de las obras se mueven. Santiago nos hará reflexionar sobre nuestros hechos, nuestras acciones con los demás y cómo debemos ser consecuentes con lo que creemos.

La carta la escribió Jacobo (Santiago es el nombre latino. San Iacobo - Santiago) probablemente hermano de Jesús y líder por un tiempo en la iglesia de Jerusalén.

Descubrimos en Santiago alguien preocupado en que no seamos solamente oidores de la Palabra sino también hacedores.

Leer Santiago 1:22 – 25.

¿Qué diferencia hay entre ser un hacedor de la palabra y ser solamente un oidor?

¿Qué consecuencias tiene ser solamente un oidor?

La consecuencia es que nos engañamos a nosotros mismos. Muchos adolescentes van a la iglesia y forman parte de las actividades, pero en este texto se nos recuerda que si no

*lo ponemos en práctica nos estamos engañando, creyéndonos buenos cristianos sola-
mente por oír, por asistir, cuando Dios nos está llamando a algo más.*

Nos recordará un poco a la literatura sapiencial del Antiguo Testamento como
Proverbios, etc. Así que veremos algunos consejos prácticos que Santiago no quiere
que olvidemos para tomar buenas decisiones en nuestra vida cristiana.

*En esta lección haremos un repaso de toda la carta remarcando los puntos importantes
de ella. Si quieres, recomiéndales que usen Biblia de papel para no perder el hilo de la
enseñanza.*

**Descarga en www.e625.com/lecciones material complementario para esta
sección.**

División y estructura

- Saludo: 1:1.
- La sabiduría que viene de Dios: 1:2-11.
- Victoria en las pruebas: 1:12-18.
- Hacedores de la palabra: 1:19 – 27.

Después de invitarnos a ser hacedores, nos dice lo siguiente:

> *La religión pura y sin mancha que a Dios le agrada es ésta: ayudar a los huérfanos y
> a las viudas en sus problemas, y estar siempre limpio sin mancharse con la maldad del
> mundo. (Santiago 1:27).*

Aquí vemos que la religión (en sentido positivo, es decir, seguir una manera de vivir)
tiene dos puntos importantes: uno activo y otro pasivo.

¿Cuáles son?

*Por un lado la parte práctica de amar al prójimo (en este caso atender a los necesita-
dos) y por otro conservarnos limpios de la corrupción. Esto sería un buen resumen de la
vida cristiana.*

¿Dónde estamos más enfocados? ¿En la parte activa o la pasiva?

**Amonestación contra la parcialidad: 2:1 – 13.
La fe sin obras: 2:14-26.**

Leer 2:14-23: Aquí vemos claramente el punto de que las obras acompañarán a una fe sincera.

¿Qué decisiones prácticas podríamos tomar leyendo este texto? ¿Es para que nos sintamos condenados o para que actuemos en consecuencia?

No hay que creer solo intelectualmente (los demonios creen y tiemblan) sino que nuestra conducta, sobre todo la que tiene que ver con amar al prójimo, debe reflejar nuestra fe.

La lengua: 3:1-12.

Otro consejo muy muy bueno:
Santiago 3:2 RVR1960: *¡Todos ofendemos muchas veces!*

¿Crees que esto es verdad?

Hagamos ver a los adolescentes que no somos perfectos que partimos de la realidad de que tomamos malas decisiones en primer lugar con lo que decimos, y muchas veces herimos a los demás. Siempre pensamos que los demás nos hieren a nosotros, pero ¿y nosotros? ¿No es verdad que herimos a los demás?

Dios nos invita a cuidar nuestro lenguaje, sobre todo aquel que ofende al prójimo.

¿En qué momento solemos descuidar lo que hablamos o sentimos que no controlamos nuestra lengua?

¿Qué cosas prácticas podemos hacer para "refrenar nuestra lengua y nuestro lenguaje"?

Hacer grupos de dos o tres y escribir una lista de las cosas que nos dicen que más nos molestan. Puede ser alguna mala palabra, o algo que se dice para despreciar, etc. Luego intercambiarlas con todos los demás grupos y responder qué conclusiones sacamos. La idea es que aprendamos a no decir a otros lo que no queremos que nos digan a nosotros.
La sabiduría de lo alto: 3:13-18.
La amistad con el mundo: 4:1-10.

4:1-3 *No echemos la culpa de nuestras malas decisiones a influencias externas. Al final somos nosotros bosque decidimos hacer o no hacer. Todo viene de nuestras pasiones, de adentro de nosotros. Asumamos la responsabilidad de nuestra vida.*

¿Quién eres para juzgar?: 4:11-12.
No se gloríen en el día de mañana: 4:13-17.
Contra los ricos opresores: 5:1-6.
Sed pacientes y orad: 5:7-20.

> **Leer 5:16** *Este versículo se ha sacado mucho de contexto. Y recuerda: un texto sin contexto es solo un pretexto. Sobre todo la última parte: "La oración del justo es poderosa y eficaz".*

¿En qué casos hemos usado este versículo?
Leamos la primera parte y conectémosla con la segunda.

¿Cómo creéis que está relacionado?

Este versículo nos anima a ayudarnos unos a otros, a confesarnos y acompañarnos unos a otros, como en este grupo. No estamos para juzgarnos, ni para condenarnos, sino para andar juntos en nuestro caminar con Jesús. Es en ese contexto donde la oración eficaz puede mucho.

Anímales a orar en grupos de dos, unos por otros durante unos minutos.

Preguntas importantes, decisiones importantes:

¿Cuál crees que es la lección más importante de la carta de Santiago?

¿Qué es lo que más te cuesta poner en práctica de lo que hemos estudiado hoy?

¿Y Jesús?
Jesús es el Señor que viene no solo a enseñarnos ideas bonitas sino a traernos la salvación y una nueva manera de vivir, muy práctica y que tiene que ver con bendecir a mi prójimo.

Decide:
Decido poner en práctica las enseñanzas de Jesús para no ser un oidor olvidadizo sino un hacedor de la Palabra y así bendecir a otros.

Orar es una buena decisión. Tiempo y dinámica de oración para despedir.

Recuerda descargar las lecturas diarias "Para profundizar y aplicar" desde www.e625.com/lecciones.

Lección 32 › GÁLATAS

Las obras no salvan, solo Jesús salva.

En uno de sus viajes misioneros Pablo fundó una iglesia en Galacia. Posteriormente la supervisaba y en algunos casos volvía a visitarla. La epístola a los Gálatas es una carta dirigida a un grupo de creyentes que comenzó muy bien, muy entusiasmado, pero que había olvidado, por culpa de falsos maestros, de lo que se trataba el evangelio. Por eso alrededor del año 50 d.C. Pablo escribió este manifiesto del verdadero evangelio para liberar a los gálatas de una esclavitud innecesaria.

De eso se trata esta carta: del evangelio.

El evangelio no es solo el primer paso para ser cristiano, no es solo el ABC, sino más bien el de la A a la Z de la vida cristiana.

Gálatas nos dará una sensación de libertad frente a la religiosidad. Muchos de nosotros todavía pensamos que para la salvación tenemos que hacer algo y vivimos esclavos, intentando cumplir la Ley. Así pasaba con los Gálatas, donde te introdujo una falsa enseñanza que decía que debían circuncidarse, que Jesús no era suficiente.

 ¿Cómo definirías el evangelio?

Veremos que el problema no solamente es la falta de obediencia de los Gálatas, sino poner nuestra confianza en nuestra obediencia, en nuestras buenas obras. Eso nunca trae nada bueno, solo orgullo espiritual o culpabilidad.

En nuestra vida debemos recordar que esto se trata del favor inmerecido de Dios por nosotros. Que Dios nos ama tal y como somos, no por como deberíamos ser, y que el mensaje del evangelio es para todos los días. Que somos peores de lo que imaginamos, pecadores, malvados, PERO más amados de lo que nunca podremos comprender y aceptados en Cristo. Esta verdad nos da libertad y lo cambia todo.

Adentrémonos en esta carta para no olvidar que Jesús es suficiente para nuestra salvación, para no ser esclavos de nadie.

 ¿Qué significa para ti que Dios te ama tal y como eres y no por como deberías ser?

División y estructura

Veremos en esta carta tres partes principales, aquí está la estructura:

- Prólogo: 1:1-9.
- El evangelio anunciado por Pablo: 1:10 -2:21.
- Fe y libertad cristiana: 3:1 - 5:12.
- El uso de la libertad: 5:13 - 6:10.
- Epílogo: 6:11 – 18.

En el Prólogo vemos de qué tratará el escrito:

> *Me ha sorprendido que tan pronto se estén apartando ustedes de Dios, quien les llamó y mostró su amor por medio de Cristo. Ahora han adoptado otro evangelio. Esto no significa que haya otro evangelio. Más bien me refiero a que hay quienes están tratando de confundirlos y quieren torcer el evangelio de Cristo. (Gálatas 1:6-7).*

Aunque habían recibido el evangelio de la gracia, pronto se habían pasado a "otro" evangelio. Porque había gente que estaba "sembrando confusión". Por eso escribió la carta, para aclarar las cosas y presentar el mensaje de Jesús fielmente.

El evangelio anunciado por Pablo: 1:10 -2:21.

En esta primera gran sección Pablo defiende la autenticidad de su mensaje, contará su historia, de cómo era un judío y perseguía a la iglesia pero fue liberado para compartir el evangelio.

Al final de la sección nos dice lo siguiente:

> *Sin embargo, sabemos muy bien que nadie puede justificarse ante Dios obedeciendo la ley. Sabemos que eso sólo es posible por la fe en Jesucristo. Por eso, nosotros también hemos confiado en Jesucristo, y somos justificados por esa fe y no porque hayamos observado la ley. Nadie se salva por tratar de cumplirla.*

> *Ahora bien, ¿qué pasa si confiamos en Cristo para salvarnos y luego nos damos cuenta de que nosotros mismos somos pecadores? ¿Tendremos que decir que la fe en Cristo fue nuestra perdición? ¡De ninguna manera! Si uno vuelve a edificar lo que había destruido, se hace transgresor. Yo estoy muerto por causa de la ley, pero ahora vivo para Dios. Estoy crucificado con Cristo, y ya no vivo yo, es Cristo quien vive en mí. Y esta vida que ahora tengo la vivo por mi fe en el Hijo de Dios, quien me amó y se entregó por mí. No rechazo el amor de Dios. Si se obtuviera la justicia por guardar la ley, habría sido vana la muerte de Cristo. (Gálatas 2:16-21).*

En este manifiesto vemos respondidas algunas preguntas:

¿Quién puede ser justificado por las obras de la ley?

¿Cómo podemos ser justificados, perdonados?

¿Es eso una excusa para hacer lo que nos dé la gana?

Dios nos llama a vivir por fe, es decir, confiando en Él y en lo que Él hizo.

Gálatas 2:20 es un versículo bandera para muchos.

¿Qué significa ese texto para ustedes?

Fe y libertad cristiana: 3:1 - 5:12.

En la parte central de la carta hay una amonestación a los que intentaban vivir en la religiosidad externa, en el cumplimiento de la Ley. Después pondrá el ejemplo de Abraham, sin duda, el padre de la fe, y luego nos invitará a estar firmes:

> *¡Cristo nos libertó para que vivamos en libertad! ¡Cuiden esa libertad y no se dejen someter de nuevo al yugo de la esclavitud! (Gálatas 5:1).*

Dios nos llama a ¡ser libres!, no a guardar preceptos y mandamientos externos.

¿Qué es la religiosidad?

Jesús nos ha hecho libres de ritualismos que no tienen contenido. Hoy en día muchos de nosotros pensamos en cumplir con cosas externas "cristianas" pensando que eso nos traerá salvación y dejamos de lado el mensaje central del evangelio. **El uso de la libertad: 5:13 - 6:10.**

Cuando uno profundiza en el mensaje del evangelio y es libre, no usa esa libertad como ocasión para la carne (esa parte de nosotros que quiere pecar), sino que esa libertad es para hacer el bien a otros.

Leamos 5:13-14.

Según Pablo, ¿en qué se resume toda la ley?

Pensemos por un momento, toda la ley, ¡es mucho! Pero cuando Jesús nos libera, nos capacita para cumplir toda la ley a través del amor al prójimo. No para ganarnos la salvación, sino porque ya Dios nos la ha concedido.

Y podemos vivir no en las obras de la carne, una lista de las que Pablo solía poner.

Leer 5:19-21.

Todo eso son las obras de la carne, sin entrar en cuál es peor que otras, y debemos aprender a evitarlas.

Al contrario, nos invita a disfrutar del fruto del Espíritu:

En cambio, este es el fruto que el Espíritu produce en nosotros: amor, gozo, paz, paciencia, benignidad, bondad, fidelidad, humildad y dominio propio. No hay ley que condene estas cosas. (Gálatas 5:22-23).

Procuremos, antes que los rituales externos, manifestar el fruto del Espíritu.

¿Cómo podemos manifestar cada uno de los aspectos del fruto del Espíritu?

No usemos la libertad como pretexto. Muchos de nosotros, como sabemos que somos salvos por gracia, creemos que eso es una "licencia para pecar".

¿Por qué crees que eso no tiene sentido?

Terminará diciéndonos que no hagamos esto solos, que nos necesitamos unos a otros (6:2, 9, 10).

Epílogo: 6:11 – 18.

En el epílogo Pablo dice que los falsos maestros les "obligan", en este caso a circuncidarse, pero muchas veces hay falsos maestros que "obligan" a hacer cosas religiosas sin contenido. Eso no es el evangelio. Aprendamos junto con los Gálatas a disfrutar de la libertad a la que Cristo nos ha llamado y asumamos la bendición del último versículo:

Hermanos, que la gracia de nuestro Señor Jesucristo esté con cada uno de ustedes. Así sea. (Gálatas 6:18).

Descarga en www.e625.com/lecciones material complementario para esta sección.

Preguntas importantes, decisiones importantes:

¿Corremos el peligro de vivir otra vez con normas y preceptos? ¿Con la ley en lugar del mensaje del evangelio?

¿Cómo podemos disfrutar de la libertad que Jesús nos brinda?

¿De qué maneras prácticas podemos amar a nuestro prójimo hoy?

¿Cuál crees que es la enseñanza más importante de la epístola a los gálatas?

¿Y Jesús?

Jesús es el que nos libera de la esclavitud de la Ley y nos da libertad para amar a Dios y a nuestro prójimo.

Decide:

Decido ser libre del esfuerzo humano para salvarse a sí mismo. Reconozco la obra de Jesús en mí y decido vivir de acuerdo a la libertad que YA tengo en Él.

Orar es una buena decisión. Tiempo y dinámica de oración para despedir.

Recuerda descargar las lecturas diarias "Para profundizar y aplicar" desde www.e625.com/lecciones.

Lección 33 > 1 Y 2 TESALONICENSES

Las cartas esperando el retorno del Rey

Algunos dicen que 1 Tesalonicenses es el primer escrito que tenemos del Nuevo Testamento. Tesalónica era la capital de Macedonia y allí Pablo compartió el evangelio. Al parecer quedó una comunidad de creyentes que floreció y a la que dedicó estas dos cartas. Solo estuvo unas tres semanas allí, pero se armó un alboroto y tuvo que huir. Poco después de haber establecido la iglesia allí, envió a uno de sus colaboradores, Timoteo, para que llevara la primera carta y afianzara a los hermanos en la fe y a los pocos meses envió una segunda epístola.

En ellas vemos el interés Pablo para educar a los nuevos creyentes de la ciudad que tenían preguntas, porque las cartas de Pablo son respuestas a cuestiones que tienen las iglesias:

Este es un principio importante para entender las epístolas de Pablo. Son respuestas a cosas concretas que están ocurriendo. Por eso, para hacer una buena exégesis, debemos entender cuáles eran las preguntas a las que está respondiendo, si no, podemos equivocarnos muchísimo en la interpretación. De nuevo, el contexto es importante. Un texto sin contexto es solo un pretexto.

-¿Qué debemos hacer para sobrellevar la persecución que enfrentamos?

-¿Cómo debemos comportarnos los cristianos?

-¿Cuándo llegará Jesús, y qué les sucederá a los cristianos que mueran antes de que vuelva?

Estas cartas son la respuesta a esas preguntas. En la segunda pondrá un tono más severo dado que algunas personas exaltadas pensaban que Cristo ya había vuelto y estaban alborotando a la congregación desde adentro, fomentando incluso el no trabajar porque Cristo estaría aquí enseguida.

Si hubiera habido teléfono en aquella época no habrían quedado estas cartas; Pablo tenía que hacer un discipulado a distancia y "Tesalonicenses" es fruto de ello.

¿Crees que hoy pasa eso? ¿Por qué?

División y estructura

1 Tesalonicences
- Prólogo: 1:1-10.
- Ministerio de Pablo en Tesalónica: 2:1 - 3:13.
- Exhortaciones: 4:1-5:24.
- Epílogo: 5:25 – 28.

2 Tesalonicences
- Prólogo: 1:1-12.
- Instrucciones: 2:1 -3:15.
- El hombre de pecado: 2:1-12.
- Escogidos para salvación: 2:13 – 17.
- Que la palabra de Dios sea glorificada: 3:1-5.
- El deber de trabajar: 3:6 -15.
- Epílogo: 3:16-18.

En esta lección vamos a hacer un estudio respondiendo a las tres preguntas anteriores.

 Haremos tres grupos y repartiremos los textos que tratan sobre el tema para ver las respuestas de Pablo; luego las exponemos al resto para comprender juntos el mensaje a los tesalonicenses.

 Descarga los textos para trabajarlos, desde www.e625.com/lecciones.

 Tu trabajo en esta sesión será ir supervisando los tres grupos para animarlos a sacar conclusiones prácticas, consejos, e ir clarificando el sentido del texto. Puedes ayudarlos repitiendo la pregunta. Que vayan haciendo un listado y que reúnan cuatro o cinco conceptos importantes para luego exponerlos.

GRUPO 1: ¿Qué debemos hacer para sobrellevar la persecución que enfrentamos?
Un caso de bullying.
1Ts 3:4-8, 11-13.   2Ts. 1:3-12   2Ts. 3:1-3

 La idea es enfocarse en que la persecución. El bullying a causa de ser cristiano es algo que pasamos todos de alguna o de otra manera, incluso llegando a dar la vida. Debemos aprender a mantenernos firmes y apoyarnos los unos a los otros. Que nuestra identidad esté bien definida por lo que Jesús ha hecho y que la presión social no nos desanime o nos haga ceder.

GRUPO 2: ¿Cómo debemos comportarnos los cristianos?
1Ts. 1:6-10   1Ts. 4:1-12   1Ts. 5:14 - 24   2Ts. 2:13-15 1Ts. 3:11- 15

Aquí hay muchos buenos consejos, recuérdales que estaba enfocado para nuevos creyentes. Que recojan los que más les llamen la atención y vean cómo Pablo era muy práctico, ayudando a los tesalonicenses a tomar las mejores decisiones en sus primeros pasos.

GRUPO 3: ¿Cuándo llegará Jesús, y qué les sucederá a los cristianos que mueran antes de que vuelva?
1Ts. 4:13 - 5:11   2Ts. 2:1-12

Aquí debemos evitar el amarillismo evangélico. Muchos quieren saber el día y la hora, ¡pero ni Jesús lo sabía! Lo central es tener la esperanza de que va a volver y eso debe cambiar nuestra perspectiva de vida. Es normal que tengamos curiosidad y Pablo nos da algunos datos no exhaustivos, pero veraces.

Tener esta visión de futuro nos ayuda en nuestras decisiones.

Si Cristo va a volver... ¿Cómo debemos comportarnos?
Si Cristo va a volver... Tenemos esperanza en las tribulaciones porque la historia acaba bien.

Descarga en www.e625.com/lecciones material complementario para esta sección.

Vemos conectadas estas tres preguntas que Pablo responde en sus cartas. El retorno de Jesús nos da la esperanza en medio de las pruebas, y también nos indica el modo en que debemos vivir, una vida digna de ese Rey que volverá pronto. ;) Seamos sabios en nuestras decisiones y aprendamos a mantenernos firmes hasta que Él vuelva.

Preguntas importantes, decisiones importantes:

¿Qué es lo más importante que has aprendido de estas dos epístolas?

¿Por qué es importante comprender que Jesús va a volver?

¿Qué consejo es el que más te ha gustado?

¿Qué te decisiones te impulsan a tomar estas cartas de Pablo?

¿Y Jesús?'

Jesús es el que volverá y da sentido a nuestro presente. Vivimos con los ojos puestos también en el futuro, en la esperanza de que lo que ahora hacemos tendrá su recompensa y nos mantenemos firmes.

Decide:

Decido mantenerme firme en las enseñanzas de Jesús, confiando en que Él va a volver y aprendiendo a compartir mi fe sin miedo al rechazo o la incomprensión.

 Orar es una buena decisión. Tiempo y dinámica de oración para despedir.

 Recuerda descargar las lecturas diarias "Para profundizar y aplicar" desde www.e625.com/lecciones.

Lección 34 › 1 CORINTIOS
Una iglesia problemática

Corinto, probablemente la iglesia más conflictiva que jamás hayas imaginado.

Imagina la peor iglesia que puedas. ¿Qué conflictos tendría? ¿Cuáles serían los terribles problemas que aparecerían?

La idea es visibilizar la situación de Corinto. En esta lección descubriremos una iglesia muy problemática y cómo Pablo aborda la cuestión. Nosotros nos centraremos en la propuesta del amor por encima de nuestros dones, y cómo debemos decidir en base a amar a otros, no ser partidistas teniendo favoritismos, ni laxos con el pecado.

La única solución para nuestras vidas es la comprensión mutua y el perdón que nos ofrece Jesús. En esta lección veremos el capítulo del amor y cómo nuestros dones tienen que ejercerse amando a los demás. Debemos tomar nuestras decisiones en base al amor para superar todas las problemáticas, más allá de lo difíciles que sean las circunstancias.

División y estructura.

Prólogo: 1:1-9.
Leamos el versículo 2.

…a la iglesia de Dios que está en Corinto, a los que han sido santificados en Cristo Jesús y llamados a ser un pueblo santo, junto con todos los que en cualquier lugar invocan el nombre de nuestro Señor Jesucristo, Señor de ellos y nuestro.

¿Qué significa que son santificados pero que son llamados a ser un pueblo santo?

Aunque los corintios ya eran salvos ("santificados"), veremos que Dios los llama a ser santos. Todavía están en proceso. En la epístola veremos que estaban muy lejos de ser perfectos… Es a ellos a quienes va dirigida esta carta.

Divisiones en la iglesia: 1:10 - 4:21.

Leamos 1:10-13

¿Cuál era uno de los problemas que tenían en Corinto?

¿A qué se debía?

Hay muchas escuelas de pensamiento pero no podemos permitir que pertenecer a "Apolos" o a "Pablo" nos divida. Somos llamados a volver a Jesús, y ver que Él es el protagonista.

Leer 2:2: Todo se centra en Él y lo que hizo por nosotros.

¿Qué peligros tiene ser partidista?

Pablo corrige a la iglesia 5:1 - 6:20.

Después de hablar de la importancia de la unidad y de no hablar mal de otros Pablo corrige a la iglesia.

Según 5:9-11

¿Cuál es otro de los problemas de la Iglesia en Corintio?

¿Crees que es importante la gente con la que nos juntamos? ¿En qué medida puede perjudicarnos o beneficiarnos?

La importancia en la toma de decisiones para elegir las personas con las que estamos y pasamos tiempo, es un punto importante que puedes tratar en este apartado.

Un versículo importante que muchos conocen está aquí:

Leer 6:12

¿Has pensado alguna vez lo que significa?

Aunque todo es lícito no significa que todo convenga. Es importante ver que cuando tomamos decisiones, una mala decisión no es necesariamente algo que es evidentemente un pecado. A veces tenemos que aprender a discernir entre lo bueno, lo permitido y lo mejor.

Sobre el matrimonio: 7:1-40.

La libertad cristiana: 8:1- 11:1.

Muchas veces discutimos por opiniones distintas en distintos temas. Nos encanta tener la razón. Esto sí, esto no. Pensamos diferente respecto a muchos temas pero eso no es razón para menospreciarnos unos a otros. Como decía San Agustín:

"En lo necesario unidad; en las dudosas, libertad; en todo, amor."

Respetar al otro y no juzgarle es parte de la vida del cristiano. Los corintios al parecer no lo habían entendido del todo.

8:1: ...el saberlo todo hace que nos sintamos orgulloso. Lo que se necesita es el amor que edifica.

¿Qué significa esta frase? Ayúdate con los siguientes textos: 8:9-13

Si lo que sabemos no ayuda al hermano sino que lo hace tropezar, lo estamos haciendo mal.

En este apartado también veremos que tenían problemas de idolatría. ¡Menuda iglesia! Pero hay más.

La vida de la iglesia: 11:2 -34.

Leamos 11:17-22

¿Qué nuevo problema sumaron?

Abusaban de la mesa del Señor. Algo que debía recordar el amor de Jesús por nosotros y celebrar la comunión, se había convertido también en una excusa para más divisiones.

Los dones del Espíritu Santo: 12:1 - 14:40.

Aquí habla de los dones del Espíritu Santo y nos anima a la unidad en medio de la diversidad.

1 Corintios 12:4-7.

Y los dones que tenemos son para el bien de todos.

¿Sabes qué dones tienes?

Tus dones son para el beneficio de los demás. Para amarlos.

147

Por eso, después de 1 Corintios 12, viene el 13.

Leámoslo juntos.

El amor es lo más grande que tenemos y debe ser el motor de nuestras vidas, acciones y decisiones. No es un sentimiento ni tampoco es pasajero; es mucho más profundo y debemos ponerlo en práctica, no solamente tenerlo como una palabra bonita.

 Descarga la ficha "Soy un don para los demás", desde www.e625.com/lecciones.

 En ella cada adolescente pone su nombre en el espacio en blanco. En círculo le pasa la hoja al que tiene a su derecha y responde a la pregunta "¿Qué dones tiene "esa persona" (cuyo nombre está arriba) que bendicen mi vida? durante un minuto o dos. Luego lo pasa al de su derecha y responde a la misma pregunta, acerca de "esa persona". Y así sucesivamente.

Cada adolescente tiene una ficha que irá corriendo hacia su derecha mientras contesta la que le viene de la izquierda. Así, al final de la dinámica le llegará su ficha con lo que han escrito todos los del grupo.

 Si el grupo es muy grande divídelos en grupos de máximo ocho o nueve personas.

 Solo deben poner cosas positivas como: su sonrisa, sabe escuchar, me comprende, es amigo, me ayuda, tiene el don de palabra, me inspira.

La resurrección de los muertos: 15:1 – 58.

Al final de la carta aparece una de las declaraciones de fe más antiguas que tenemos y que resume el mensaje del evangelio.

1 Corintios 15:3-7.
Aquí se cuenta de manera muy resumida la historia de Jesús y la resurrección. Ese mensaje sigue siendo transformador hoy.

Durante el capítulo 15 habla de la resurrección y cómo nos afecta. Es importante recordar el final de nuestra historia para poder tomar buenas decisiones en nuestro presente.

Epílogo: 16:1 – 24.

Leamos 16:13 y el último versículo, 16:24.

¿Qué era lo que más le preocupaba a Pablo de los corintios?

Descarga en www.e625.com/lecciones material complementario para esta sección.

Preguntas importantes, decisiones importantes:

¿Qué aprendemos de esta carta que es lo más importante?

¿Qué es lo que más te ha llamado la atención de la iglesia de Corinto?

¿Y Jesús?

Jesús es el amor encarnado, puesto en práctica; es nuestra unidad y nuestro mensaje.

Decide:

Decido que el amor sea el fundamento de mis acciones y decisiones.

Orar es una buena decisión. Tiempo y dinámica de oración para despedir.

Recuerda descargar las lecturas diarias "Para profundizar y aplicar" desde www.e625.com/lecciones.

Lección 35 > 2 CORINTIOS

Pero la historia de Corinto no termina aquí. Esta segunda carta (o tercera, puede que haya alguna perdida) nos habla de que los problemas no terminaron de solucionarse y aparecieron nuevos. La realidad a veces es más dura de lo que pensamos y el contexto de la ciudad de Corinto no ayudaba a los creyentes. De hecho, había una manera de actuar libertina que en aquella época se decía "hacerlo a la corintia" "vivir a la corintia" en griego korinthiazomai. Espero que no digan eso de la ciudad donde vivimos.

Esta será la carta más autobiográfica de Pablo y la más difícil de escribir para él.

Tratando de desorientar al pueblo de Dios se levantaron falsos maestros que hablaban mal de Pablo y promovían enseñanzas judaizantes, como en el caso de Galacia.

¿Qué es lo que más te costaría perdonar?

¿Cómo actúas o reaccionas cuando te enteras de que alguien habla mal de ti?

¿Cuál es la mejor decisión en estos casos?

División y estructura

La Epístola se divide en tres grandes secciones donde veremos a un Pablo sincero, defendiendo su ministerio de los ataques recibidos.

Descarga la ficha de la estructura de 2 Corintios desde www.e625.com/lecciones.

Hacemos dos o tres grupos de trabajo para explorar el primer apartado de la carta. Respondemos a las preguntas por equipos y luego exponemos a los otros grupos para que rellenen los otros apartados que no han trabajado o que lo completen.

Debes facilitar el trabajo de los grupos, acercándote a ellos y preguntando qué necesitan o dónde se encuentran. Anímales a continuar con el estudio y dales pistas, pero no respuestas. Esta dinámica debe durar unos veinte minutos máximo de preparación y luego la exposición.

Cuando hagan la exposición que defiendan sus respuestas con versículos del texto.

En la guía puedes ver los textos y leerlos con ellos.

Ficha Completada:

Prólogo: 1:1 -11.

Pablo habla aquí de la tribulación y la consolación. Aunque veremos que es una carta donde va a corregir a los corintios, eso no significa que se ponga por encima de ellos y comparte sus luchas, para que se den consuelo mutuamente. (1:5-7).

Pablo defiende su ministerio y trae consuelo: 1:12 -7:16.
A. Conducta de Pablo 1:12- 2:11

¿Cómo es la actitud de Pablo en esta sección?

Es una actitud de perdón, comprensión y humildad (1:12, 24; 2:1, 4, 5).

¿Cómo animó a los corintios a tratar a la persona que le ha ofendido?

Con amor y perdón. No con acusación (2:5-11).

En este apartado, cuando hagan la exposición, remarca la importancia de que, por muy ofendidos que nos sintamos, siempre debemos tener una actitud de perdón. El perdón siempre es una buena decisión.

B. Carácter del ministerio de Pablo: 2:12 - 6:10.

¿Cuál es el título que ostenta o la carta de recomendación que presenta Pablo?

La carta no es un título, sino los propios corintios, su propio trabajo. No basa su autoridad en el título sino en su amor por ellos. (3:1-6)

Siendo Pablo un apóstol, ¿con qué actitud se acerca a los corintios en el capítulo 4?

No se predica a sí mismo, sino que se acerca como un siervo por amor de Jesús (4:5-7).

¿Cuál es el ministerio que tiene Pablo según el capítulo 5? ¿Predicar? ¿Sanar? ¿En qué consiste?

Aquí encontraremos uno de los versículos más increíbles de la Escritura (6:19) y la respuesta está en el 20. El ministerio de la reconciliación. Dada la situación de la iglesia en Corinto este versículo cobra aún más fuerza ¿no?

C. Llamado a los corintios: 6:11-7:4.

¿Qué le pide a los corintios que hagan?

Que actúen con franqueza (6:13), que no se unan en yugo desigual (6:14) y que se limpien de toda contaminación y busquen la santidad (7:1).

D. El consuelo del ministerio: 7:5-16.

Pablo aquí vuelve a reafirmarlos en amor.

¿Qué aprendemos de toda esta sección?

Por mucho que nos hayan molestado, o que hablen de nosotros, debemos acercarnos con amor, teniendo en cuenta que somos llamados a la reconciliación.

Las dos siguientes secciones repásalas según el tiempo que hayas tenido en la dinámica anterior. Te recomendamos que reserves al menos diez minutos para poder ver un poco el contexto y la aplicación.

La ofrenda para los santos de Jerusalén: 8:1 - 9:15.

En toda esta sección Pablo llama a la solidaridad a los cristianos de Corinto para con los cristianos de Jerusalén, que están pasando necesidad. Al parecer, al principio se mostraban dispuestos pero en el momento de la ofrenda no se mostraron muy favorables, por eso Pablo tuvo que escribir esta sección.

Esta cuestión de la ofrenda para los hermanos de Jerusalén se verá en otras epístolas de Pablo. Él quería que las iglesias de la "diáspora" (las iglesias fuera de Israel), ofrendaran a la Jerusalén necesitada. Ver Romanos 15:26.

1. Planes para la ofrenda: 8:1-24.

2. Argumentos para la ofrenda: 9:1-15.

En este apartado Pablo parecerá más serio y defenderá su ministerio de los ataques que había recibido. Pero remarcará que lo importante no es su posición de apóstol sino su servicio a Jesucristo.

Nueva defensa de Pablo: 10:1 - 13:10.

1. Posición de Pablo: 10:1-12:18.

Leamos 2 Corintios 10:17

¿Qué consejo nos da Pablo aquí? ¿Por qué crees que lo dice? ¿Qué creen que está pasando en Corinto?

¿Crees que eso nos pasa a nosotros? ¿Cómo?

2. Propósito de Pablo: 12:19- 13:10.
Epílogo: 13:11 – 14.

Aquí vemos un resumen perfecto de lo que Pablo quería con esta carta. Podemos leerlo completo antes de las conclusiones de la lección.

Preguntas importantes, decisiones importantes:

¿Cuál crees que era el propósito central de 2 Corintios?

¿Crees que Pablo tomó una buena decisión al escribir esta carta? ¿Por qué?

¿Crees que actuó sabiamente? ¿Por qué?

¿Y Jesús?
En Jesús, Dios está reconciliando consigo al mundo (5:19), así nosotros debemos tener esa actitud, no tomando en cuenta los pecados y las afrentas de los demás. Perdonar siempre es una buena decisión. Jesús nos lo enseñó.

Decide:
Decido perdonar como Jesús me perdonó a mí, teniendo siempre la actitud correcta, viendo en la necesidad y los errores de mi prójimo no un lugar para juzgar, sino un espacio para servir.

Orar es una buena decisión. Tiempo y dinámica de oración para despedir.

Recuerda descargar las lecturas diarias "Para profundizar y aplicar" desde www.e625.com/lecciones.

Lección 36 › ROMANOS

El justo por la fe vivirá (parte 1)

Pablo no había visitado la iglesia en Roma. Gracias a eso tenemos la carta de Romanos tal como es: lo más parecido a una presentación del evangelio, del plan de Dios de una forma sistemática, o clara, usando sobre todo la metáfora legal. Muchos de los cambios durante la historia de la Iglesia, y del mundo, se han dado gracias al redescubrimiento de esta carta. Martín Lutero profundizó en la idea que desarrolla romanos "el justo por la fe vivirá" basado en el versículo del profeta Habacuc. Esto trajo lo que se conoce como La Reforma, un movimiento que cambió para siempre la Iglesia y el mapa de Europa y el mundo.

En Romanos encontramos versículos muy conocidos que nos ayudan a recordar qué es el evangelio.

¿Podrían verbalizar con sus palabras qué es el evangelio?

En estas dos lecciones vamos a hacer una vista de pájaro de romanos, estudiaremos a fondo su estructura para ver cómo Pablo nos enseña qué es el evangelio y cómo decidir ante él (a partir de Romanos 12). Analizaremos juntos su contenido y los versículos pilares de este texto. Quizá revolucione nuestras vidas igual que lo ha hecho con tantas otras.

Para ello haremos dos equipos. En la primera sección de romanos los dos equipo corresponderán a la primera y la segunda parte del texto: Ira de Dios y Gracia de Dios, en la segunda sección los dos equipos corresponderán a la tercera y cuarta sección: Plan de Dios y Voluntad de Dios, respectivamente.

Las cuatro secciones corresponden a los cuatro temas de Romanos: Ira de Dios, Gracia de Dios, Plan de Dios y Voluntad de Dios. Al final tendremos un cuadro completo del mensaje de Romanos.

Descarga en www.e625.com/lecciones material complementario para esta sección.

Primero hacemos la dinámica por grupos y luego repasamos el texto.

🔗 Completar las dos primeras secciones:

1. La ira de Dios: 1:18 - 3:20.
Para que el equipo correspondiente complete la ficha:
¿Cuáles son los problemas del ser humano según este apartado?:
Versículos guía para responder: 1:21-24   1:29-32   2:1, 5, 21-24   3:10-12

Descarga de www.e625.com/lecciones el diagrama de Romanos.

2. La gracia de Dios: 3:21 - 8:39.
Para que el equipo correspondiente complete la ficha:
¿Cómo soluciona Dios los problemas que tiene el ser humano? ¿Cómo actúa en nosotros?

Versículos guía para responder: 3:23-25   5:1-2, 6, 10.

División y estructura

Prólogo: 1:1-17.
Aquí aparece la intención de Pablo al escribir a los romanos, la idea central que va a presentar. Lo encontramos en Romanos 1:16-17 NVI:

A la verdad, no me avergüenzo del evangelio, pues es poder de Dios para la salvación de todos los que creen: de los judíos primeramente, pero también de los gentiles. De hecho, en el evangelio se revela la justicia que proviene de Dios, la cual es por fe de principio a fin, tal como está escrito: «El justo vivirá por la fe.»

"El justo por la fe vivirá", esta será la idea que va a comentar Pablo. Como un predicador actual tomará ese versículo del profeta Habacuc (Habacuc 2:4) y lo desarrollará durante toda la epístola.

¿Qué crees que significa este versículo?

Pablo nos va a explicar el evangelio de manera clara. Viendo la estructura de Romanos descubriremos lo que Pablo entendía por evangelio: buena noticia. Veremos cómo Dios hace justos a los injustos de manera justa.

1. La ira de Dios 1:18 - 3:20.
Un momento, si es una buena noticia ¿por qué empieza con la ira de Dios?
El evangelio nos habla de nuestra realidad, no podemos dar una buena noticia a alguien enfermo diciéndole que hay una cura si primero no hacemos un buen diagnóstico de la enfermedad. Y eso es lo que Pablo va hacer durante los tres primeros capítulos.

Según Romanos, antes de estudiarlo ¿podrías decir cuál es el problema del ser humano? ¿Cuál es el diagnóstico? ¿Cuál es la solución al problema?

 Cotejar con lo que han trabajado en el grupo de "La ira de Dios" y la dinámica que han expuesto.

2. La gracia de Dios: 3:21 - 8:39.

En esta sección se expone la solución. En el versículo 21 aparece "pero ahora" y es uno de los adversativos más grandes de la Biblia.

 ¿Cómo describirías la gracia de Dios?

Romanos 3:23-25 es uno de los textos que mejor condensan en qué consiste lo que Dios ha hecho para cambiar nuestra condición. Era uno de los textos favoritos de Martín Lutero.

Para el capítulo 4: ¿Por qué es importante el ejemplo de Abraham?

 Abraham fue justificado por la fe, por confiar en Dios.

Para el capítulo 6:

 ¿La gracia de Dios es la excusa perfecta para pecar? Leer Romanos 6:1-6.

Aquí hagamos notar que gracia no es una excusa sino lo que realmente nos capacita para tomar mejores decisiones en nuestra vida, recibir el perdón de Dios y ser capaces de servirle.

Para el capítulo 7:
La esquizofrenia espiritual es querer hacer dos cosas contradictorias a la vez. Leamos romanos 7:15-25.

 **¿Te sientes identificado con este texto? ¿Por qué?**

¿Qué podemos hacer para tomar buenas decisiones en medio de esta esquizofrenia?
Gracias a Dios después del capítulo 7 ¡viene el 8! menos mal.

Para el capítulo 8:
¿Cuál es nuestra esperanza? Romanos 8:28-39
Este pasaje es una oda al amor incondicional de Dios. Basados en esa seguridad, aprendamos a ser guiados por el Espíritu.

¿Cómo podemos ser guiados por el Espíritu?
Leamos algunos versículos sueltos de la primera parte de Romanos 8

¿Cómo aplicamos esto a nuestra toma de decisiones?

Preguntas importantes, decisiones importantes:

¿Crees que el evangelio que se presenta en Romanos tiene sentido? ¿Por qué?

¿Creen que había otra forma de salvarnos? ¿Por qué?

¿Y Jesús?

Jesús es el que hace justos a los injustos de manera justa, es nuestra justicia, nuestra esperanza,

Decide:

Decido vivir y experimentar el poder del evangelio, que me justifica, me transforma, y profundizar en lo que significa "el justo por la fe vivirá".

 Orar es una buena decisión. Tiempo y dinámica de oración para despedir.

Recuerda descargar las lecturas diarias "Para profundizar y aplicar" desde www.e625.com/lecciones.

Lección 37 › ROMANOS (parte 2)

Continuar con la dinámica de la semana anterior. Hacemos dos grupos con los dos apartados que nos faltan por estudiar. Que contesten las preguntas sugeridas y lo expongan durante unos tres o cuatro minutos al resto de adolescentes.

Descarga en www.e625.com/lecciones material complementario para esta sección.

3. El plan de Dios: 9:1 - 11:36.
Para que el equipo correspondiente complete la ficha:

¿Qué ocurrió con el pueblo de Israel? ¿Cómo apunta eso a Jesús?¿Dios quería salvar a los gentiles en el Antiguo Testamento?
Versículos guía para contestar: 9:4, 5   9:10-13   9:24-26   11:11-12.

4. La voluntad de Dios: 12:1 - 15:13.
Para que el equipo correspondiente complete la ficha:

Si Dios ha hecho todo lo que nos dice de Romanos 1 al 11, ¿cómo debemos actuar ahora?

Versículos guía para contestar: 12:1-3   12:9-21   13:1.

División y estructura

3. El plan de Dios: 9:1 - 11:36.
Esta es una sección muy compleja aquí aparecen textos difíciles como Romanos 9:13

Leer el texto.

¿Qué piensas de este versículo?

Pero también es un texto maravilloso donde vemos que Jesús no es una improvisación de Dios, sino que desde el tiempo de Abraham, Isaac y Jacob Dios ya estaba con su plan de salvación para todos, incluidos los gentiles. Dios permitió toda la historia del Antiguo Testamento para llegar hasta la persona de Jesús. Porque Dios no improvisa y toda la Biblia, como hemos visto en todas estas lecciones, apuntan a Jesús.

Dios planifica la historia, nosotros, para tomar buenas decisiones también deberíamos tener un plan.

¿Crees que Dios lo tiene todo planeado y nosotros no somos libres? ¿Nuestras decisiones ya estaban en la mente de Dios? ¿Cómo afecta eso a nuestras decisiones hoy?

Este es un tema recurrente en muchas sobremesas de adolescentes. La idea no es discutir sobre el tema de manera negativa sino exponer el misterio que supone. Debemos aprender a confiar en el plan de Dios a la vez que nos hacemos responsables de nuestras acciones libres.

4. La voluntad de Dios: 12:1 - 15:13.

Este es el apartado más práctico. Así comienza:

> **12:1-2.** *Si todo lo dicho del capítulo 1 al 11 (ver el esquema de todo el libro) es cierto, y Dios nos ha justificado, nuestra respuesta normal, nuestra adoración espiritual v.1 ("lógica" dice en el original), nuestra reacción lógica es que ofrezcamos nuestra vida para Él. Que nos decidamos enteramente por Él.*

Pero entregarnos a Él implica vivir para los demás. A partir del 12:4 hasta el final de esta sección, el tema que concentra todo es como debemos tratar a los demás. Porque entregarnos a Dios es amar al prójimo.

¿Crees que es posible amar y entregarnos a Dios por lo que Él ha hecho y no vivir amando a los demás? ¿Por qué?

Epílogo 15:14 - 16:27

En esta última sección Pablo habla de su ministerio, dice que quería predicar el evangelio donde no había sido anunciado (v.20), les cuenta que quería visitar Roma y manda saludos personales.

La despedida final es un buen resumen de todo lo visto anteriormente:

> *El Dios eterno mantuvo en secreto su plan por muchos siglos, pero ahora lo ha dado a conocer por medio de las Escrituras proféticas. Esto de acuerdo con su propio mandato para que todas las naciones obedezcan a la fe.*
> *¡Al que puede fortalecerlos a ustedes conforme a mi evangelio y a la predicación acerca de Jesucristo, a Dios, el único verdaderamente sabio, sea la gloria para siempre por medio de Jesucristo! Amén. (Romanos 16:25-27).*

Su plan de salvación, que ha sido desde siempre, ese misterio de largos siglos para salvar a la humanidad, ¡es el evangelio de Jesús! ¡Por eso le alabamos y le servimos!

Preguntas importantes, decisiones importantes:

¿Qué es lo que más te ha llamado la atención de la epístola a los Romanos?

¿Cómo afecta de manera práctica a mi vida que Jesús ha hecho todo eso por nosotros?

¿Hay algo que crees que deberías hacer ahora gracias que el evangelio te ha justificado?

¿Y Jesús?

Jesús es quien nos salva si confesamos que Él es el Señor y creemos de corazón que Dios lo levantó de entre los muertos, y nos anima a vivir una vida de servicio al prójimo como prueba de nuestra justificación.

Decide

Decido experimentar la gracia de Dios para compartir esa gracia con otros, sobre todo con mi familia y mis hermanos en la fe.

Orar es una buena decisión. Tiempo y dinámica de oración para despedir.

Recuerda descargar las lecturas diarias "Para profundizar y aplicar" desde www.e625.com/lecciones.

Lección 38 › EFESIOS

Vivir siendo iglesia

Éfeso era una ciudad importante en Asia, tenía unos 300.000 habitantes, una de las ciudades más grandes del Imperio Romano. Pablo pasaba muchas veces por Éfeso. En una ocasión estuvo por casi tres años y estableció allí una Iglesia.

 Descarga en www.e625.com/lecciones material complementario para esta sección.

Esta carta, junto con Romanos, es otra de las más sistemáticas y pedagógicas para todos. Trata grandes temas teológicos que se aplican de manera general pero desde otra óptica. La primera parte es teórica y sentará las bases, como en Romanos y su primera parte (capítulos 1-11). Luego la segunda parte se centrará en la vida de la iglesia, es más práctica, y habla sobre cómo es y debe funcionar una comunidad de seguidores de Jesús. Solo así podremos ser como Él. Terminará animándonos a ponernos toda la armadura de Dios; no olvidemos que estamos en una batalla, no contra las personas, sino contra algo más peligroso.

 En esta lección el énfasis será que no es suficiente tener una "relación personal con Dios". Él nos ha puesto en una iglesia local, el hábitat natural para crecer. Hablemos en esta sesión acerca de la importancia de congregarnos, conocernos, ayudarnos unos a otros, hablar la verdad en amor. En definitiva, amar al prójimo, como parte fundamental de la espiritualidad.

 ¿Qué es más importante? ¿Tener una relación personal con Dios o una relación juntos con Dios, es decir, como Iglesia?

Expón la estructura de Efesios a vista de pájaro, mencionando las partes. Hagamos las preguntas de comprensión al grupo mientras avanzamos en su estructura y anímalos a buscar en el texto las respuestas. Puedes elegir hacerlas todas, o elegir las que consideres más importantes para los adolescentes. Recuerda que uno de los objetivos de estas lecciones es que vean cada libro o carta de la Biblia como un todo, con sentido, no versículos sueltos nada más. ¡Ánimo!

División y estructura

PARTE TEÓRICA- EL FUNDAMENTO
Prólogo: 1:1-2.

- *La obra salvadora de Dios: 1:3 -3:21.*
- *La elección de Dios.*
- *El sello del Espíritu.*
- *Salvación por gracia por medio de la fe.*
- *La unidad del cuerpo de Cristo.*
- *El misterio del cuerpo de Cristo.*

PRAXIS - PARTE PRÁCTICA
La vida cristiana: 4:1 - 6:20.

- *Andar dignamente.*
- *Edificar el cuerpo con los dones.*
- *Vestirse del nuevo hombre.*
- *Ser imitadores de Dios.*
- *Promover la armonía.*
- *La armadura de Dios.*
- *Saludos finales: 6:21-24.*

PARTE TEÓRICA- EL FUNDAMENTO
Prólogo: 1:1-2.

- *La obra salvadora de Dios: 1:3 -3:21.*
- *La elección de Dios: 1:3-12.*

¿Por qué nos escogió Dios? 1:4-7.

El sello del Espíritu: 1:13-23.

¿Qué espíritu nos da el Señor? ¿Para qué? 1:17.

Salvación por gracia por medio de la fe: 2:1-10.

¿Cómo trabajan conjuntamente la gracia, la fe y las obras? 2:8-10.

Recuérdales: No somos salvos POR obras pero sí PARA buenas obras.

La unidad del cuerpo de Cristo: 2:11-22.

El misterio del cuerpo de Cristo: 3:1-21.

PRAXIS - PARTE PRÁCTICA.

- *La vida cristiana: 4:1 - 6:20.*
- *Andar dignamente: 4:1-6.*
- *Edificar el cuerpo con los dones: 4:7-16.*
- *Vestirse del nuevo hombre: 4:17-32.*

¿Cómo anda la gente sin Dios? v.17-19.

¿Cómo nos vestimos del nuevo hombre de manera práctica? v. 22-32.

¿Cómo afecta a nuestras decisiones?

Ser imitadores de Dios: 5:1-21.
En esta sección se nos anima a tomar decisiones como Dios las tomaría.

¿Por qué crees que esto es importante?

Si tienes tiempo haz un repaso de los consejos prácticos que propone el texto y animemos a los adolescentes a vivirlos.

Promover la armonía familiar: 5:22- 6:9.
Leer 6:1, 2.

¿Qué piensas sinceramente de estos versículos?

La armadura de Dios: 6:10-20.
En grupos de dos personas, leer el texto ¿Qué parte de la armadura crees que es la más importante? ¿Por qué? ¿Si tuviera que elegir tres, con cuales te quedarías?

Saludos finales: 6:21-24

Vivamos Efesios 4
La iglesia ideal. ¿Cómo sería para ti una iglesia ideal siguiendo el modelo de Efesios 4? Haz que formen grupos de tres o cuatro personas para desarrollarlo, usando de guía la ficha para descargar en www.e625.com/lecciones. Luego exponemos a todos nuestra iglesia ideal, defendiéndolo con los textos bíblicos.

FICHA: LA IGLESIA IDEAL. EFESIOS 4

1Yo, pues, que estoy prisionero por servir al Señor, les ruego con todo cariño que se comporten como es digno de los que han sido llamados por Dios. 2Sean totalmente humildes y amables. Sean pacientes entre ustedes y, por amor, sean tolerantes unos con otros. 3Esfuércense por mantener la unidad creada por el Espíritu, por medio de la paz que nos une.

4Somos un solo cuerpo y tenemos un mismo Espíritu; además, hemos sido llamados a una misma esperanza. 5Sólo hay un Señor, una fe y un bautismo; 6y tenemos el mismo Dios y Padre, que está sobre todos nosotros. Él actúa por medio de todos nosotros y está en todos nosotros.

7Sin embargo, debido a su amor, Cristo nos ha dado a cada uno de nosotros dones diferentes. 8Por eso un salmo dice:

«Cuando el Señor subió a lo alto, llevó consigo a los cautivos, y dio dones a los hombres». 9¿Qué quiere decir eso de que «subió»? Eso implica que primero descendió hasta lo más bajo de la tierra. 10Pues bien, el que descendió, luego regresó a lo más alto de los cielos para poder llenarlo todo.

11Y a algunos les dio el don de ser apóstoles; a otros, el don de ser profetas; a otros, el de anunciar las buenas nuevas; y a otros, el don de pastorear y educar al pueblo de Dios. 12Su propósito es que su pueblo esté perfectamente capacitado para servir a los demás, y para ayudar al cuerpo de Cristo a crecer. 13De esta manera, todos llegaremos a estar unidos en la fe y en el conocimiento del Hijo de Dios, hasta que lleguemos a ser una humanidad en plena madurez, tal como es Cristo.

14Así dejaremos de ser como niños que cambian de creencias cada vez que alguien les dice algo diferente o logra astutamente que sus mentiras parezcan verdades. 15Más bien, al vivir la verdad con amor, creceremos y cada vez seremos más semejantes en todo a Cristo, que es nuestra Cabeza. 16Por lo que él hace, cada una de las partes del cuerpo, según el don recibido, ayuda a las demás para que el cuerpo entero y unido crezca y se nutra de amor. (Efesios 4:1-16).

¿Cuál debe ser la actitud de todos? v. 2- 3.

¿Cuál debe ser el énfasis más importante? ¿Las reuniones? ¿El sonido? ¿La música? ¿La decoración? ¿El predicador o el líder?

¿Para qué debemos reunirnos? v.15-16.

¿Por qué hay ministerios en la iglesia? v. 11-13.

¿Cuál es el propósito final de la Iglesia? v. 13

¿Cómo se definiría una iglesia exitosa según este texto?

Preguntas importantes. Decisiones importantes:

¿Qué es lo que más te ha llamado la atención de la carta a los Efesios?

¿Cómo me puedo involucrar en la vida espiritual de los demás?

¿Cómo está mi vida y compromiso con mi iglesia local? ¿Hay algo que deba decidir mejorar?

¿Y Jesús?

Efesios nos recuerda que estamos en Cristo, hemos sido creados en Cristo. Jesús es nuestra razón de ser y nuestra meta.

Decide:

Decido vivir en comunidad para crecer y ser como Jesús.

 Orar es una buena decisión. Tiempo y dinámica de oración para despedir.

 Recuerda descargar las lecturas diarias "Para profundizar y aplicar" desde www.e625.com/lecciones.

Lección 39 > FILIPENSES

La alegría (desde una prisión)

Esta es una de las cartas más personales de Pablo. La escribe desde prisión con entrañable amor a una comunidad que tiene en muy alta estima. Constantemente los anima a tener gozo sean cuales sean las circunstancias. Encontraremos en ella una canción que cantaban los primeros cristianos (Pablo hacía esto muchas veces en sus epístolas) para recordarles cómo debía ser nuestra actitud, basados en las decisiones que el propio Dios tomó. ¿Qué mejor ejemplo para seguir en nuestras decisiones que Dios, Cristo mismo?

En esta carta Pablo propone un tono muy paternal, reflexivo y tranquilo; es una carta de agradecimiento, donde animará a los filipenses a seguir adelante, a la meta, como en los juegos olímpicos. (Filipenses 3:13-14).

 ¿Cómo te sentirías si estuvieras prisionero en una cárcel?

 ¿Te has sentido alguna vez en una situación atrapado, sin solución o sin respuesta? ¿Cómo crees que se puede tener gozo en ese momento?

División y estructura.

 Expón de manera breve la estructura y céntrate en los temas y los apartados que proponemos para desarrollar, sobre todo en el centro de la carta.

- Saludo: 1:1, 2.
- Oración de Pablo por los filipenses: 1:3 -11.
- La biografía de Pablo: 1:12-26.
- El centro de la carta: 1:27- 4:9.
- Excelencia en la conducta: 1:27 - 2:18.

Leamos 2:1-4.

¿Cuáles no son buenas razones para tomar decisiones? ¿Cuáles son buenas razones?

Malas: contienda, vanagloria, egoísmo.
Buenas: humildad, estimar a los demás como superiores a ti mismo, mirando también por el interés de los demás.

¿Qué significa "estimando cada uno a los demás como superiores a él mismo"?

Leamos 1:17-18.

Pablo está en una situación difícil, en prisión.

¿Cuál es su actitud a pesar de eso? ¿Por qué crees que es así?

Ejemplos: Timoteo, Epafrodito: 2:19-30.
Ejemplo de promesa: 3:1-21.

Leamos 3:4-8.

¿Cuál es la prioridad de Pablo?

Cristo. Conocerle a Él.

No es que todo lo demás esté mal, pero comparado con conocer a Jesús, es basura. Muchas veces en nuestras vidas tenemos otras prioridades, incluso con cosas buenas, pero no debemos olvidar que conocer a Jesús es incomparable.

Leamos 3:13, 14.

La vida espiritual es un camino, una carrera. Pablo no la había terminado y así también nosotros seguimos corriendo. Debemos dejar atrás las decisiones equivocadas, las prioridades que no deben ocupar el lugar que no les corresponde y seguir hacia Jesús. Siempre.;

Excelencia en la promesa: 4:1-9.

Menciona filipenses 4:4. En boca de Pablo, en su situación, cobra mucha fuerza.

¿Te has sentido angustiado alguna vez?

Mira lo que dice Filipenses 4:6-7.

¿Cómo podemos tener paz en medio de cualquier circunstancia?

¿Lo has experimentado alguna vez? ¿Quieres compartirlo?

Recuerda que quizá tú puedes compartir brevemente una experiencia personal parecida para romper el hielo.

Bendiciones y agradecimiento: 4:10-23.

 La canción para recordar. Filipenses 2, Carmen Christi.

Pablo incluía canciones en sus textos, probablemente las cantaban en la iglesia primitiva. Esta es una de ellas, que Pablo aprovecha para explicarnos que debemos ser como Jesús y tener su sentir. Es conocida como Carmen Christi (la canción de Cristo, o poema de Cristo).

 Descarga Filipenses 2 desde www.e625.com/lecciones.

 Leer el texto en grupos de tres o cuatro personas. Este texto nos habla de la actitud de Jesús, una actitud que no buscaba su beneficio propio sino el de los demás. La idea es que estudien el texto y respondan a las siguientes preguntas:

¿Qué es lo que más te llama la atención de la actitud de Jesús?

¿Cómo puedes aplicar esto a tus decisiones en la vida?

¿Cuál es el resultado final?

Para terminar, todavía en grupos, que compongan con sus palabras un poema, o rap, o texto basado en esta canción. Pueden utilizar palabras parecidas o ideas creativas que marquen esa dirección descendente de Jesús y cómo termina siendo el Señor. Como ejemplo pueden escuchar este tema en el siguiente link inspirado en Filipenses 2:

 Escuchar en YouTube Carmen Christi, de Álex Sampedro.

 Descarga en www.e625.com/lecciones material complementario para esta sección.

Preguntas importantes, decisiones importantes:

 ¿Qué es lo que más te ha llamado la atención de este texto?

 ¿Crees que es posible tener gozo siempre? ¿Por qué?

 Quizá esta es una lección para invertir en la oración, siguiendo Filipenses 4:6-7. Puedes hacer que expresen alguna necesidad donde necesiten el gozo del Señor. Recuerda que finalmente no estamos para enseñar un libro, sino para hacer discípulos de adolescentes que tienen necesidades, preocupaciones, y en esta generación necesitan el gozo de Jesús más que cualquier cosa.

¿Y Jesús?

Jesús es el modelo de verdadera humildad. Es lo más preciado que tenemos y conocemos. Él es el incomparable, nuestra meta.

Decide:

Decido regocijarme en el Señor siempre, siguiendo el ejemplo de Pablo, en medio de los problemas, porque tengo el mayor gozo que nadie pueda experimentar: Jesús y el poder de la resurrección.

 Orar es una buena decisión. Tiempo y dinámica de oración para despedir.

 Recuerda descargar las lecturas diarias "Para profundizar y aplicar" desde www.e625.com/lecciones.

Lección 40 › COLOSENSES

Cómo ser un cristiano colosal.

Recordemos que muchas de las cartas de Pablo son respuestas a situaciones concretas que la iglesia a la que va dirigida está viviendo.

El problema es que no sabemos directamente qué estaba ocurriendo en esa comunidad. Solo conocemos las respuestas que Pablo da, no las preguntas. Es como escuchar una conversación telefónica pero solo oír lo que dice la persona que tenemos al lado. Debemos inferir las preguntas a través de las respuestas. Esto ocurre también en la epístola a los Colosenses. Haremos una dinámica que nos ayudará a interpretar esta carta y también las otras.

 "A un lado del teléfono"
Hacer tres grupos con los adolescentes. Proponer estas respuestas y deducir cuál es la pregunta que se hizo para esa respuesta. Después comparar las respuestas de los distintos grupos de trabajo.

 Fomenta respuestas creativas, graciosas, pero que tengan sentido.

¿Cuáles son las preguntas o frases que han generado estas respuestas?

Frases:

-"No podré llegar a tiempo, lo siento, además no he comprado el pastel, pero en cualquier caso debería haberlo comprado Sofía".
-"Yo no tengo la culpa de lo que pasó, el auto de Roberto tiene 17 años, es una cafetera andante".
-"No deberías creer lo que te ha enseñado ese; además la Biblia dice justo lo contrario: amarás a tu prójimo como a ti mismo".
-"Deberías gastar menos dinero en esas cosas e invertir en aquello que hablamos la semana pasada, ¿por qué has cambiado de opinión tan rápido?

 ¿Qué conclusiones sacamos de esta dinámica? ¿Ves por qué es importante deducir las preguntas a las que Pablo contestaba y que bien interpretado podemos entender mejor el contenido de las cartas?

Colosas era una ciudad de Frigia, provincia de Asia menor. Se habían introducido en la iglesia algunas falsas doctrinas. Por un lado estaban los judaizantes: religiosos que ponían cargas a los cristianos, un moralismo que siempre ataca a la Iglesia, en todas las épocas.

Por otro lado, se estaba introduciendo un tipo de gnosticismo primitivo, una espiritualidad mística de gente que se creía "iluminada", más sabia que los demás, que generaba orgullo espiritual (el peor orgullo de todos) con cosas raras como adoración a los ángeles, etc.

Pablo les recordará quién es Jesús, y cómo actúa EN nosotros. Les animará a no hacer caso a ese misticismo y legalismo, centrándose en enseñar a vivir la vida cristiana más allá de los rituales y ceremonias. Una vida práctica donde Jesús es el centro.

Al igual que en otras cartas de Pablo, la primera parte se destina a poner una base teológica, "lo que Dios ha hecho", para luego en una segunda parte conducirnos a nosotros a responder: "Entonces, ¿qué debemos hacer?". La obra salvadora de Dios, lo que Cristo ha hecho en nosotros, precede a cómo debemos actuar nosotros. Eso es el cristianismo. No podemos invertir el orden, si no, no es cristianismo, es moralismo: ser buenos para ser aceptados. El evangelio es al revés: somos aceptados, por eso podemos ser buenos. Así es la estructura de Colosenses.

División y estructura:

- Prólogo: 1:1 – 8.
- La obra salvadora de Dios: 1:9 – 23.
- El ministerio de Pablo: 1:24 - 2:5.
- La nueva vida en Cristo: 2:6 - 4:6.
- Epílogo: 4:7 – 18.

 Los problemas de Colosas:

Esta dinámica es parecida a la del teléfono que hemos hecho al principio, pero esta vez, basada en el texto de Colosenses. Debemos descargar la ficha en www.e625.com/lecciones, que los adolescentes deben completar. Aquí te ponemos las respuestas correspondientes para entender el contexto.

FICHA:

¿Cuál es el problema al que responde Pablo en cada uno de estos textos?

2:16-17   2:11   3:11
Ritualismo, circuncisión, legalismo, alimentos permitidos, festividades religiosas…

2:18
Culto a los ángeles, superstición.

2:21   2:23
Ascetismo. No toques…

1:15-20   2:2-3, 9
Menosprecio de Cristo (por eso se hace énfasis en su supremacía).

2:18   2:2-3
Ciencias ocultas, gnosticismo.

Vemos que hay muchos peligros que acechan a la Iglesia, falsas doctrinas y prácticas de las que debemos cuidarnos, que nos desenfocan de lo importante: lo que Dios ha hecho y cómo actúa hoy en nosotros.

¿Qué cosas nos distraen hoy de lo importante en nuestra teoría y práctica de la vida cristiana?

'Una de las características de los escritos de Pablo son las listas que pone en muchas de sus cartas, de cosas buenas y malas, dones y pecados, fruto de Espíritu, etc.

En Colosenses tenemos un ejemplo de estas listas, en la parte práctica del texto: Colosenses 3:5-15:

5¡Hagan morir todo lo que viene de la naturaleza pecaminosa! Apártense de los pecados sexuales, las impurezas, las pasiones bajas y vergonzosas y del deseo de acumular más y más cosas, pues eso es idolatría. 6La terrible ira de Dios caerá sobre los que hacen tales cosas, 7que son lo que ustedes antes hacían. 8Pero ha llegado el momento de arrojar de ustedes la ira, el enojo, la malicia, los insultos y las malas palabras. 9No se mientan unos a otros, ahora que ya murieron a aquella antigua vida llena de vicios.
10Ya se pusieron una ropa nueva, que es la nueva vida que se renueva todo el tiempo hasta que llegue a parecerse a su Creador. 11La nacionalidad y la raza, la religión, la educación y la posición social carecen de importancia en esta vida. Lo que importa es que Cristo es todo y está en todos.

12Por cuanto Dios los escogió y son santos y amados, practiquen con sinceridad la compasión y la bondad. Sean humildes, amables y buenos. 13Sopórtense unos a otros y perdonen a quienes se quejen de ustedes. Si el Señor los perdonó, ustedes están obligados a perdonar. 14Y sobre todo, vístanse de amor, que es lo que permite vivir en perfecta armonía. 15Que la paz de Dios reine en sus corazones, porque ese es su deber como miembros del cuerpo de Cristo. Y sean agradecidos.

"A la moda de Dios".

Descargar de www.e625.com/lecciones.

Formemos dos o tres grupos, que lean el texto y que hagan dos listas. ¿De qué cosas debemos despojarnos? ¿De qué cosas debemos vestirnos? ¿Cómo es el vestido de Cristo? Después compartir con todo el grupo.

¿Cómo afectan estas listas en nuestras decisiones?

Descarga en www.e625.com/lecciones material complementario para esta sección.

Preguntas importantes, decisiones importantes:

¿Qué es lo que más te ha llamado la atención de la iglesia de Colosas?

¿Crees que esos peligros no afectan también hoy?

¿De qué cosas crees que deberías decidir despojarte? ¿De cuáles debes decidir hoy vestirte?

¿Y Jesús?
Leer la canción que Pablo inserta en el texto en Colosenses 1:15-20.

Decide:
Decido vestirme de Jesús y despojarme de todo lo que sobra, cuidándome de los peligros que suponen ideas equivocadas acerca de lo que es la espiritualidad.

Orar es una buena decisión. Tiempo y dinámica de oración para despedir.

Recuerda descargar las lecturas diarias "Para profundizar y aplicar" desde www.e625.com/lecciones.

Lección 41 › FILEMÓN

La libertad de Onésimo

Detrás de esta epístola se encuentra una historia digna de un guión de Hollywood. Si desconocemos la historia nos perderemos la mayoría de las enseñanzas de esta carta. Por eso estudiaremos a los personajes, que quizá aparezcan en otros lugares de la Escritura, y aprenderemos de esta corta epístola de tan solo veinticinco versículos pero que condensa muchas enseñanzas para nosotros hoy.

Mucha gente nos va a fallar y debemos decidir si guardar rencor o perdonar, ser libres. Aunque Onésimo, el protagonista de la carta, tomó malas decisiones en el pasado, Dios lo transformó y en el momento en el que Pablo redacta la epístola da honor a su nombre, (Onésimo significa útil).

Aunque en el pasado fue alguien que no fue útil, transformado por Dios era alguien valioso.

 Leer toda la carta a Filemón. Escuchar audio.

 Descargar de www.e625.com/lecciones la carta a Filemón.

 ¿Quién parece ser Onésimo? ¿Y Filemón? ¿Cómo se encontraron Pablo y Onésimo?

Usaremos la estructura del texto para indagar en el contexto y descubrir la fascinante historia detrás de esta breve epístola.

 Anima a los adolescentes a tomar notas, subrayar el texto con distintos colores, poner al margen lo que consideren necesario para exprimir su significado.

División y estructura

Salutación: v. 1 – 3.
Veamos el contexto
¿Quién es Onésimo?

En realidad, ya hemos conocido a este personaje aunque quizá no lo sabíamos. Aparece en Colosenses 4:7-9:

Tíquico, nuestro muy amado hermano, les contará cómo me va. Él es muy trabajador y sirve al Señor conmigo. Lo estoy enviando a este viaje para que me informe cómo están ustedes y para que los anime. También les estoy enviando a Onésimo, fiel y muy amado hermano que a la vez es uno de ustedes. Él y Tíquico les dirán todo lo que pasa aquí.

Onésimo es uno de los que está llevando la carta a los colosenses desde Roma, junto a Tíquico. Así que Pablo no solamente envió una carta a la iglesia de Colosas que vimos la semana anterior. También había una epístola personal para Filemón, el dueño de la casa donde se reunían, su esposa Apia y Arquipo, probablemente su hijo. Así que escribe esta carta personal al liderazgo de la iglesia en Colosas.

El amor y la fe de Filemón: v. 4 -7.

Según estos versículos, ¿cómo es el carácter de Filemón? ¿Por qué es conocido?

Filemón significa afectuoso o uno que es amable. :)

Pablo intercede por Onésimo: v. 8 – 22.
Y llegamos al corazón de la epístola. Aquí Pablo saca el arsenal.
Leamos del versículo 8 al 16.

¿Quién era Onésimo para Filemón?

Onésimo fue un esclavo que se escapó y fue rumbo a Roma, para esconderse en la capital.

En aquella época la esclavitud era normativa, era legal, había millones de esclavos que eran comprados y vendidos y muchos de ellos nacían en las propias familias. Era un sistema muy institucionalizado y si un esclavo se escapaba y era atrapado su amo podía acabar con su vida. Así que Onésimo huyo lo más lejos que pudo, a Roma. Pero, por alguna extraña razón o la providencia divina, se encontró con Pablo en la cárcel de Roma y allí ¡conoció al Señor! v.10.

Legalmente le pertenecía a Filemón y era un reo de la justicia, así que Pablo lo envía de vuelta a Colosas pero con esta carta de petición a Filemón. Pablo no apela a su autoridad de Apóstol, sino que suplica de corazón, con una actitud entrañable.

¿Dónde vemos en el texto esta actitud?

Le ruega a Filemón que lo perdone y que no lo reciba como esclavo, sino como hermano y persona.

¿Por qué el evangelio dignifica a las personas? ¿Qué crees que opina Dios de la esclavitud?

Hoy en día sigue habiendo millones de esclavos en nuestro mundo y como seguidores de Jesús somos llamados a erradicar este gran mal.

Del versículo 17 al 22 Pablo se compromete. Porque aunque el perdón está basado en el amor, alguien tiene que pagar. Pablo anima a Filemón a que lo reciba como a sí mismo y le dice que él mismo le pagará si Onésimo le ha robado algo o le ha hecho algún daño; a esto se compromete con su puño y letra en esta carta.

¿A qué te recuerda esta actitud?

Es así como Jesús nos salva. Él nos encuentra, como al hijo prodigo, nos restaura y nos dignifica para no ser más esclavos sino hermanos, y su amor paga la deuda que teníamos.

Esta carta es una historia que condensa el evangelio de una manera increíble y pone de manera práctica los principios de la Biblia.

¿Qué opinas de esta frase?

"El plan de Dios no es cambiar el sistema en un primer momento, sino cambiar a las personas para que cambien el sistema".

¿Qué debemos cambiar nosotros para luego cambiar el sistema hoy?

Salutaciones y bendición final: v. 23 – 25.
Al final del texto, Pablo nos recuerda que sigue en prisión, aunque con la esperanza de salir, y nombra a algunos viejos conocidos nuestros, entre ellos un tal Marcos y Lucas.

¿Sabes quiénes son?

Sí, efectivamente, los escritores de los evangelios que llevan sus nombres. Formaban parte del círculo íntimo de Pablo y vivieron el evangelio de cerca, la propuesta que Jesús vino a traer de manera práctica.

Preguntas importantes, decisiones importantes:

¿Qué es lo que hemos aprendido hoy de la carta a Filemón?

¿Cómo crees que acabó la historia?

¿Quién eres tú en esta historia? ¿Onésimo, que se sabe perdonado? ¿Pablo que intercede por su hermano?¿Filemón que debe perdonar la traición?

Todos somos alguno de ellos en nuestra vida y debemos aprender a decidir sabiamente, seamos quien seamos.

¿Y Jesús?
Jesús es el que paga nuestra deuda, quien nos libera de la esclavitud, nos da libertad y nos convierte en Onésimos: útiles para su reino a pesar de nuestro pasado.

Decide:
Decido ser útil para los demás y servirlos, no porque sea su esclavo, sino porque Jesús me ha hecho libre para amarlos.

 Orar es una buena decisión. Tiempo y dinámica de oración para despedir.

 Recuerda descargar las lecturas diarias "Para profundizar y aplicar" desde www.e625.com/lecciones.

Lección 42 > 1 TIMOTEO Y TITO

Cartas a discípulos en misión

Hay unas epístolas de Pablo conocidas como las cartas pastorales, que fueron dirigidas no a una iglesia sino a personas concretas que estaban al frente de comunidades de fe. Concretamente a Timoteo y Tito. Son cartas muy parecidas en contenido; si hubieran existido fotocopiadoras en aquella época Pablo hubiera hecho uso de ella. Pero cada una tiene sus particularidades.

¿Quiénes eran?

Timoteo

Aparece en muchos lugares del libro de los Hechos. 17:14-15; 18:5; 19:22; 20:4.

También se menciona en otras cartas de Pablo: Ro 16:21; 1 Co 4:17; 16:10; 2 Co 1:1; Flp 2:19; Col 1:1; 1Ts 1:1, 3:2, 6; 2 Ts 1:1 Flm 1.

De hecho, Timoteo es coautor de algunas epístolas de Pablo.

Aquí puedes enfatizar cómo los libros del Nuevo Testamento se relacionan unos con otros y que es necesario estudiarlos en su conjunto para entender las historias y los textos que forman parte de él. Decide si quieres que lean los textos antes mencionados para hacerse una idea panorámica de la persona de Timoteo. O puedes encargarle al grupo que estudie esa carta durante la sesión para ampliar el conocimiento.

Su madre era cristiana, su padre de origen pagano. Pablo lo conoció en Listra cuando era un joven de veinte años. Fue compañero de Pablo en algunos de sus viajes misioneros. Más tarde, el joven discípulo de Pablo fue enviado a Asia menor para velar por algunas comunidades de fe, para que no se desviaran con enseñanzas falsas, dañinas y destructivas. Timoteo residía en Éfeso, desde donde ejercía su ministerio. Allí llegó esta carta conocida como 1 Timoteo, dando instrucciones a un joven líder con mucha responsabilidad.

Tito

Es mencionado en tres de las cartas de Pablo: 2 Co 2:13; 7:6, 7, 13, 14; 8:6, 16, 23; 12:18; Gl 2:1, 3 y 2 Ti 4:10.

En Hechos no aparece explícitamente pero sabemos que fue compañero de Pablo en su viaje a Jerusalén cuando tuvo lugar la asamblea de Hechos 15. Tiempo después, Pablo encargó algunas misiones a Tito, no muy fáciles, como poner en orden la iglesia de Corinto (¿recuerdas las problemáticas de esa iglesia?) y organizar la vida de la comunidad cristiana en la isla de Creta. Ahí es donde entra esta carta personal a Tito, estando él en Creta, recibiendo ánimo y apoyo del apóstol Pablo.

 De nuevo puedes facilitar los textos al grupo que se encuentran en esta sesión de Tito.

 Hacer dos equipos de trabajo para estudiar Timoteo y Tito por separado, cada uno con su estructura y los textos en los que deben profundizar para responder a las preguntas planteadas. Una vez finalizada la dinámica, compartirla con el resto del grupo haciendo una exposición del sentido de la carta, su enseñanza etc., siguiendo el esquema.

 Supervisa la tarea de los dos grupos con algunos consejos que te indicamos. Recuerda que debes haber estudiado primero tú la lección. Ánimo.

 Descargar la Ficha en www.e625.com/lecciones.

División y estructura

1 TIMOTEO

 Recordatorios del ministerio: 1:1 -20.
¿Para qué envió Pablo a Timoteo a Éfeso?

 ¿Qué problemas crees que había en aquellas comunidades? 1:3-7.

 Recuerda el teléfono: solo sabemos este lado de la conversación, pero podemos deducir lo que pasaba al otro lado gracias al texto.

 ¿Qué le recuerda Pablo? ¿Cuál es la actitud de Pablo aunque es ya un apóstol experimentado? 1:12- 16.

La gracia de Dios es el fundamento de Pablo, nunca olvida cuánto le ha perdonado Dios.

 Normas del ministerio: 2:1 - 3:16.
En la vida espiritual de Timoteo, ¿qué prioridad Pablo le anima a tener? 2:1, 8.

La oración como prioridad en nuestra vida espiritual.

Cuando hablen de este punto aprovecha para preguntarles: ¿es la oración nuestra prioridad en nuestro servicio a Dios, o ponemos otras cosas delante?

¿Cuáles son los requisitos que debemos tener para servir a Dios? Hacer una lista combinando 3:2-7 y 3:8-11.

Puede ser una buena idea hacerles reflexionar sobre si nosotros cumplimos esos requisitos (obviamente no están casados todavía :), pero se entiende el contexto). Quizá debemos tomar decisiones para cambiar algunas actitudes, ¿no?

Responsabilidades del ministerio: 4:1 - 6:21.
Aunque Timoteo es joven, Pablo le anima a ser ejemplo.

¿De qué maneras prácticas debe Timoteo ser ejemplo? 4:11-16.

Anímales a que sean lo más prácticos y concretos posible en este apartado.

¿Qué problema concreto había en esa comunidad? 5:3-16.

Había un desajuste con el trato a las viudas. Algunas estaban ociosas, otras no estaban siendo bien tratadas, otras eran chismosas. Timoteo debía poner en orden esta situación que en aquella época era de precariedad, porque una viuda había perdido su sustento y era difícil sostenerla económicamente, así que la iglesia debía hacerse cargo. Pero había algunas personas que se aprovechaban de la situación. Timoteo, con una actitud correcta, debía remediar el problema.

¿Qué otro problema debía enfrentar Timoteo? 6:3-10.

¿Qué le aconseja Pablo? 6:11-14, 20-21.

¿Podrían hacer un resumen de un párrafo explicando en qué consiste la primera epístola de Pablo a Timoteo? Usen los distintos problemas que aparecen y vean cómo le aconseja Pablo y cuál creen que es la finalidad de la carta.

¿Qué aplicación práctica tiene esta carta para nosotros hoy?

TITO
Saludo: 1:1 -4.
Requisitos de ancianos y obispos: 1:5 – 16.

¿Por qué envía Pablo a Tito a Creta?

¿Qué características deben tener los líderes que escoja?

¿Qué problema creen que está ocurriendo? 1:10,11.

¿Cómo define Pablo a los cretenses? 1:12.

Hazles ver que aquí Pablo no es el autor de esa frase. Él lo saca de un poeta cretense, llamado Epiménides, que escribió esa frase en el siglo VI a. C.

Sana doctrina: 2:1 -15.
¿Qué le aconseja Pablo a Tito frente a esta situación?

En 2:1 habla de "sana doctrina".

¿Qué es la sana doctrina en este contexto?

El énfasis es que aquí la sana doctrina tiene que ver más con la conducta en el hogar, el trato unos con otros, en el vivir de manera justa, que en una obsesión por unos conocimientos concretos.

Justificados por gracia: 3:1 -11.

Basado en el carácter de los cretenses, ¿a qué más Pablo le anima a Tito que les recuerde? 3:1-7.

Hacia al final de la carta Pablo vuelve a hacer énfasis en la gracia porque parece que está haciendo énfasis en las obras, pero recordemos la gracia que nos impulsa para buenas obras.
¿Qué cosas le dice que debe evitar? ¿Qué últimos consejos le da? 3:8-10.

¿Podemos deducir qué problemas había en Creta basado en estos textos?

Epílogo: 3:12 – 15.
¿Qué deducimos de este último apartado? ¿Pablo trabajaba solo? ¿Por qué?

El énfasis es ver que Pablo trabajaba en equipo y, aunque no siempre se aprecie en el Nuevo Testamento, el trabajo en equipo era fundamental para la extensión del evangelio.

¿Podrían hacer un resumen de un párrafo explicando en qué consiste la epístola de Pablo a Tito? Utilicen los distintos problemas que aparecen, cómo le aconseja Pablo y cuál creen que es la finalidad de la carta.

¿Qué aplicación práctica tiene esta carta para nosotros hoy?

Preguntas importantes, decisiones importantes:

¿Vemos algunas similitudes en las dos cartas? ¿Cuáles?

¿Qué es lo que más te ha llamado la atención de estas epístolas?

¿Crees que era necesario escribir estas cartas? ¿Por qué?

¿Qué crees que es lo más difícil que tenían que enfrentar Timoteo y Tito?

¿Y Jesús?

Jesús es quien nos envía a la misión, es el centro de nuestro mensaje que nos recuerda que es su gracia la que nos salva, no nosotros. Es quien nos da gracia, misericordia y paz en medio de los problemas.

Decide:

Decido cumplir fielmente con la misión que Dios me ha encomendado, en el contexto en el que Dios me ha puesto, cumpliendo su propósito y ayudando a otros para ser fieles a la Palabra de Dios.

Orar es una buena decisión. Tiempo y dinámica de oración para despedir.

Recuerda descargar las lecturas diarias "Para profundizar y aplicar" desde www.e625.com/lecciones.

Lección 43 > 2 TIMOTEO

El testamento de Pablo

¿Cuáles serían tus últimas palabras si supieras que tu fin está cerca? ¿Cuál sería tu último tweet o publicación en Facebook? ¿Qué foto pondrías en Instagram? En el siglo I no había nada de eso pero Pablo, al final de sus días, escribió a Timoteo sus "últimas palabras" llenas de pasión, contenido, fervor y misión. Esta carta sería una brújula en la toma de decisiones de Timoteo, su "hijo amado" y también puede ser la nuestra.

Pablo escribe esta última epístola desde la cárcel. Podemos situarnos en la época de Nerón, año 66 o 67. Es una carta especialmente dramática. Pablo intuye que su final está cerca así que derramará su sabiduría a su hijo amado, Timoteo, en este testamento espiritual que quizá también nos puede orientar a nosotros en nuestro día a día.

En esta sesión es importante que tengan sus Biblias a mano para seguir el texto y su estructura que veremos a vista de pájaro.

División y estructura.

Salutación: 1:1, 2.

Testificando de Cristo: 1:3 -18.

El bagaje de Timoteo: 1:3-5. Tanto la abuela como la madre de Timoteo le enseñaron la Palabra de Dios. Todos somos herederos de lo que otras personas han hecho por nosotros.

Pero ahora nos toca a nosotros: 1:6-8.

¿A qué le anima Pablo a Timoteo? ¿Cuándo crees que necesitaríamos esas palabras para nosotros?

El evangelio es un evangelio de gracia, pero que nos impulsa a seguir a Jesús y servirle y ser capaces de superar cualquier prueba por eso Pablo recuerda eso en 1:11-12.

Un buen soldado de Jesucristo: 2:1 – 13.

2:1 -2: *Pablo anima a Timoteo a seguir siendo testigo, como nosotros hoy. Debemos enseñar a otros, para que a su vez enseñen a otros y así, hasta el final.*

¿Cómo debemos comportarnos? En 2:4-7 Pablo usa tres imágenes.

Descarga en www.e625.com/lecciones material complementario para esta sección.

Que seamos S.A.L.: soldados, atletas y labradores.

¿Qué característica aprendemos de cada uno de ellos?

No enredarnos, luchar legítimamente, no hacernos trampas y esforzarnos, trabajar primero.

¿Cómo aplicamos esos principios en nuestra vida hoy?

Por ejemplo, ¿hay demasiadas cosas en nuestra vida que nos estorban en nuestro seguimiento de Jesús? ¿Estamos haciendo cosas que sabemos que son incorrectas? ¿Nos hacemos trampa a nosotros mismos? ¿Estamos siendo perezosos, dejados o inconstantes en nuestro seguimiento de Jesús?

Pablo, en 2:8-13 habla de su situación pero con esperanza, "la palabra de Dios no está presa" e incluirá, como es su costumbre, un poema o canción.

Un obrero aprobado: 2:14 – 26.

"Consejos para tomar buenas decisiones." Grupos de tres o cuatro adolescentes. Leer este texto y hacer una lista de consejos para tomar buenas decisiones y estar "aprobado". Dos listas: ¿Qué debemos hacer? ¿Qué debemos evitar?

Carácter de los hombres en los últimos días: 3:1 -17.

3:1- 9 Pablo prevé al final de sus días cómo serán las personas en el futuro, y hace un diagnóstico de ellas.

¿Qué dice de esas personas?

Que vayan leyendo ese apartado y en voz alta vayan diciéndolo.

¿Se parece a como es la gente hoy? Razona las respuestas.

"Pero tú…". Este "pero" debemos asumirlo para nosotros.
Leamos 3:14-16.

Justamente eso es lo que queremos con estas lecciones. La palabra de Dios puede hacernos sabios para movernos en medio de esta realidad. Aprender de la Palabra es lo que nos ayudará a tomar las mejores decisiones, tal como hemos ido viendo todas estas semanas.

Predica la palabra: 4:1 -8.
Pero no solo hay que conocer la palabra, también hay que compartirla, ¡no solo es para ti!

Leamos 4:6-8: aquí Pablo reconoce que su fin está cerca.

¿Con qué actitud la enfrenta?

¿Cómo querrías enfrentar tú el final de tu historia?

Instrucciones personales: 4:9 – 18.
Aquí menciona algunas personas importantes que colaboraban con él. Por ejemplo, dos de los evangelistas: Lucas y Marcos. El legado que Pablo dejó fue asombroso. Que nuestra vida también pueda ser así.
Epílogo: 4:19 – 22.

Reserva un espacio de tiempo para la última dinámica. Quizá la puedes presentar antes de comenzar la lección. Maneja el tiempo de manera que puedan invertir al menos diez o quince minutos en esta última actividad.

Escribe qué sería lo último que querrías decirles a las personas que tienes cerca; puede ser este grupo de adolescentes, o familiares, amigos, etc.

Hazlo tú también, o prepáralo durante esta semana para leerlo delante de tu grupo. Puede ser un momento emotivo y significativo para ellos. Recuerda que no solo estamos trasmitiendo información, sino haciendo discípulos de Jesús.

Preguntas importantes, decisiones importantes:

¿Por qué llamamos a 2 Timoteo el "Testamento de Pablo"?

¿Cuál crees que fue la herencia que dejó?

¿Cómo nos ayuda esta carta en nuestra toma de decisiones?

¿Y Jesús?

Jesús es la razón de vivir de Pablo, este es su legado. Su mensaje es el tesoro más importante que le entrega a su "hijo" Timoteo.

Decide:

Decido asumir el legado que Pablo, Timoteo y muchos otros discípulos de Jesús asumieron, y que el legado que deje en esta tierra tenga que ver con el Reino de Dios y su justicia.

 Orar es una buena decisión. Tiempo y dinámica de oración para despedir.

 **Recuerda descargar las lecturas diarias "Para profundizar y aplicar" desde www.e625.com/lecciones.**

Lección 44 > 1 PEDRO

Corazón de pastor

En esta carta escrita por Pedro vemos un corazón pastoral muy grande. Dios había tratado mucho con Pedro, ese pescador impulsivo que aparece en los evangelios.

Escribe desde Roma, aunque en un sentido metafórico la llama "Babilonia", y va dirigida a varias comunidades de creyentes dispersos por varios territorios de Ponto, Galacia, Capadocia, Asia y Bitinia.

 Descarga en www.e625.com/lecciones material complementario para esta sección.

En 5:12 nos dice que la escribe a través de Silvano, la forma latina del nombre Silas. Éste es un colaborador de Pablo que aparece en otros lugares como Hch 15:22, 18:5; 2 Co 1:19; 1 Ts 1:1 y 2 Ts 1:1. Es un escrito con un alto nivel de griego, al parecer Silas ayudó a Pedro a redactarla.

El propósito de la carta será alentar a sus receptores a mantener, en medio de persecuciones, problemas y quebrantos, una conducta limpia, digna de quienes profesan la fe en Jesús.

Pero toda la epístola está bañada de una actitud pastoral que les exhorta a seguir adelante.

 "Consejos pastorales"

 Imagina que eres Pedro, ¿qué consejos le darías a una iglesia en la siguiente circunstancia?

 Nombra la circunstancia y que contesten en voz alta lo que les aconsejarían.

-Una iglesia que está desanimada porque la gente se está yendo.
-Una iglesia que por causa de la persecución no tienen lugar donde congregarse y deben tomar medidas de precaución.
-Una iglesia grande, con mucho éxito pero que está descuidando su conducta.
-Una iglesia donde hay discusiones entre los hermanos y no están predicando el evangelio.

En esta epístola veremos su estructura, que como es costumbre, comienza con un cimiento teológico de lo que Dios ha hecho y la identidad que nos ha dado; luego viene una parte teórica que sustenta lo que nosotros debemos hacer, que será la parte práctica como consecuencia de lo anterior. Veremos también a través de la carta algunas circunstancias que los destinatarios estaban pasando.

 Descargar el diagrama de la estructura con espacio para completar, desde www.e625.com/lecciones.

División y estructura:

Prólogo: 1:1 – 12.
¿Quién la escribe? ¿A quién? ¿Qué circunstancias están viviendo?

EL FUNDAMENTO:

Nueva vida en Cristo: 1:13 - 2:10.
¿Qué ha hecho Dios por nosotros?
¿Qué identidad nos ha dado Dios? ¿Quiénes somos nosotros ahora?

Deberes de los creyentes: 2:11 - 4:6.
Consejos prácticos: ¿qué cosas concretas les aconseja? ¿Por qué deben hacerlo?
Los creyentes ante la proximidad del fin: 4:7 -19.

¿Qué circunstancia concreta cuenta esta sección? ¿Cómo deben actuar?

Consejos particulares: 5:1 -11.
¿Qué aconseja…
…a los líderes?
…a los jóvenes?
¿Qué nos enseña?

Epílogo: 5:12 -14.

 ¿Aparece algún dato significativo?Pueden trabajar la ficha en grupos de dos con el texto en la mano. Trabaja con ellos simultáneamente. Guíalos en cada apartado, aportando algunos datos pero que primero investiguen por ellos mismos. Al finalizar el estudio de la estructura contestamos juntos las preguntas finales.

DESARROLLO

Prólogo: 1:1 – 12.

¿Quién la escribe? ¿A quién? ¿Qué circunstancias están viviendo?

Que contesten estas preguntas en el diagrama. La última pregunta la podrán ampliar más adelante, porque el texto da más información más adelante.

Nueva vida en Cristo: 1:13 - 2:10.

¿Qué ha hecho Dios por nosotros? 1:13-25.

¿Qué identidad nos ha dado Dios? ¿Quiénes somos nosotros ahora? 2:4-10.

Piedras vivas (interesante que al autor se llame Pedro ¿no?) real sacerdocio, nación santa, pueblo adquirido por Dios.

Dios trabaja primero con nuestra identidad y luego con lo que hacemos, porque lo que somos determina nuestras acciones.

Deberes de los creyentes: 2:11 - 4:6.

Consejos prácticos:

¿Qué cosas concretas les aconseja? ¿Por qué deben hacerlo?

Que elijan una de estas secciones, diles tú en cuál se deben centrar para luego compartirla con el resto: 2:11-17; 2:18-25; 3:1-8; 3:9-17; 4:1-6.

Los creyentes ante la proximidad del fin: 4:7 -19.

¿Qué circunstancia concreta cuenta esta sección? ¿Cómo deben actuar?

"El fin de todas las cosas se acerca". Los creyentes vivían en la esperanza del pronto regreso de Jesús y estaban viviendo persecución, siendo ultrajados, padeciendo por ser cristianos pasando por "fuego de la prueba". Pedro los anima a ayudarse unos a otros y a gozarse.

¿Conoces a alguien que esté pasando por situaciones parecidas? ¿Qué le aconsejarías?

Consejos particulares: 5:1 -11.

¿Qué aconseja...

...a los líderes? 5:1-4
...a los jóvenes? 5:5-9
¿Qué nos enseña? 5:10-11

Nos vuelve a centrar en lo que Dios ha hecho y hace.

Epílogo: 5:12 -14.
¿Aparece algún dato significativo?
Aparecen Silvano y Marcos (el del evangelio). Roma es mencionada como Babilonia.

Preguntas importantes, decisiones importantes:

¿Cuál crees que es la enseñanza central de 1 Pedro?

¿Cómo nos ayuda en nuestras decisiones?

¿Podemos sentirnos identificados en algún aspecto con los primeros receptores de esta epístola?

¿En qué se parece a las cartas de Pablo? ¿En qué se diferencia?

Recuerda que esto no es solo transmisión de información en un solo sentido, como ocurre con Pedro; estamos haciendo discípulos de Jesús y pastoral.

¿Y Jesús?
Jesús es la piedra viva, desechada por los hombres pero escogida y preciosa para Dios. Eso, la piedra del ángulo sobre la que se sustenta el edificio, que somos nosotros la Iglesia.

Decide:
Decido no desanimarme en medio de las circunstancias y recordar mi identidad en Cristo para actuar sabiamente en medio de las pruebas.

 Orar es una buena decisión. Tiempo y dinámica de oración para despedir.

 Recuerda descargar las lecturas diarias "Para profundizar y aplicar" desde www.e625.com/lecciones.

Lección 45 > 2 PEDRO

Esta semana y la próxima veremos que 2 Pedro y Judas son cartas que están emparentadas. Algunos dicen que 2 Pedro es una ampliación de Judas; otros, que Judas es una carta resumen de 2 Pedro, al menos del capítulo 2.

En cualquier caso, aunque abordan temas muy similares utilizando muchas veces los mismos ejemplos, cada una de ellas tiene sus particularidades y podemos aprender cosas concretas de 2 Pedro que no aparecen en Judas y viceversa.

Si en 1 Pedro el peligro venía de principalmente afuera, en esta epístola nos pondrá sobre aviso contra la infiltración en la iglesia de doctrinas erróneas y actitudes destructivas, una muy mala combinación. Porque los mayores peligros para la iglesia no vienen de afuera sino de adentro.

 ¿Qué peligros puede sufrir la iglesia desde afuera? ¿Y desde adentro?

 ¿Cuáles te parecen más peligrosos? ¿Por qué?

En esta carta hay muchas alusiones al Antiguo Testamento por eso es importante tener un conocimiento global de la Escritura.

De nuevo esta carta tiene como objetivo fortalecer la fe y la esperanza de los creyentes.

 En esta ocasión haremos dos grandes grupos para estudiar el capítulo 1 y el 3 de 2 Pedro. Al final de la dinámica un grupo le compartirá al otro lo observado. Para ello debemos descargar las dos fichas de trabajo.

Descargar las dos fichas: 2 Pedro capítulo 1 y 2 Pedro capítulo 3.

División y estructura.

Saludo: 1:1-2.
Se presenta el autor, Pedro, deseando que se multiplique la gracia y la paz en la vida de los destinatarios. No dice a quién va dirigida así que suponemos que es para los creyentes de las distintas iglesias de la "diáspora" (dispersas).
Partícipes de la naturaleza divina: 1:3 -15.

Testigos presenciales de la gloria de Cristo: 1:16 -21.

Falsos profetas y maestros: 2:1-22.

Este capítulo es muy similar a la carta de Judas así que lo estudiaremos la próxima semana.

El día del Señor vendrá: 3:1–18.

FICHA 1

Partícipes de la naturaleza divina: 1:3 -15:

> *3Dios en su gran poder nos ha concedido lo que necesitamos para llevar una vida piadosa. ¡Lo hizo cuando conocimos a Aquel que nos llamó por su propia gloria y excelencia! 4Dios nos ha dado preciosas y grandísimas promesas para que ustedes, luego de escapar de la corrupción de este mundo debido a los malos deseos, puedan ser partícipes de la naturaleza divina.*
>
> *5Por eso, deben esforzarse para añadir a su fe una buena conducta; a la buena conducta, el entendimiento; 6al entendimiento, el dominio propio; al dominio propio, la paciencia; a la paciencia, la devoción a Dios; 7a la devoción a Dios, el afecto fraternal; y al afecto fraternal, el amor.*
>
> *8Si ustedes tienen estas virtudes y las desarrollan, éstas los ayudarán a crecer y conocer más a nuestro Señor Jesucristo, y los harán más fructíferos y útiles. 9Por otro lado, el que no tenga estas virtudes está ciego o es corto de vista y ha olvidado que Dios lo limpió de sus viejos pecados.*
>
> *10Así que, amados hermanos, puesto que Dios los ha llamado y escogido, procuren que esto eche raíces en ustedes, pues así nunca tropezarán ni caerán. 11Además, les será concedida amplia entrada en el reino eterno de nuestro Señor y Salvador Jesucristo.*
>
> *12Jamás dejaré de recordarles estas cosas, aun cuando las sepan y permanezcan firmes en la verdad. 13-14El Señor Jesucristo me ha revelado que mis días en este mundo están contados y que pronto he de partir; por ello, mientras viva, es mi obligación hacerles recordatorios como éstos, 15con la esperanza de que queden tan grabados en su mente que los recuerden aún mucho después de mi partida.*

¿Qué necesitamos para vivir como Dios manda?

> *5Por eso, deben esforzarse para añadir a su fe una buena conducta; a la buena conducta, el entendimiento; 6al entendimiento, el dominio propio; al dominio propio, la paciencia; a la paciencia, la devoción a Dios; 7a la devoción a Dios, el afecto fraternal; y al afecto fraternal, el amor.*
>
> *8Si ustedes tienen estas virtudes y las desarrollan, éstas los ayudarán a crecer y conocer*

más a nuestro Señor Jesucristo, y los harán más fructíferos y útiles. 9Por otro lado, el que no tenga estas virtudes está ciego o es corto de vista y ha olvidado que Dios lo limpió de sus viejos pecados.

10Así que, amados hermanos, puesto que Dios los ha llamado y escogido, procuren que esto eche raíces en ustedes, pues así nunca tropezarán ni caerán. 11Además, les será concedida amplia entrada en el reino eterno de nuestro Señor y Salvador Jesucristo.

Descarga en www.e625.com/lecciones material complementario para esta sección.

¿Qué nos anima a añadir a nuestra fe?

FE —— BUENA CONDUCTA —— ENTENDIMIENTO—— DOMINIO PROPIO —— PACIENCIA——DEVOCIÓN A DIOS—— AFECTO FRATERNAL ——- AMOR

¿Para qué debemos decidir entrar en este proceso? v.8

¿Qué pasa si no nos esforzamos?

12Jamás dejaré de recordarles estas cosas, aun cuando las sepan y permanezcan firmes en la verdad. 13-14El Señor Jesucristo me ha revelado que mis días en este mundo están contados y que pronto he de partir; por ello, mientras viva, es mi obligación hacerles recordatorios como éstos, 15con la esperanza de que queden tan grabados en su mente que los recuerden aún mucho después de mi partida.

¿En qué momento de vida se encuentra Pedro? ¿Cómo describe a su cuerpo? ¿Por qué?

Testigos presenciales de la gloria de Cristo: 1:16 -21:

16No crean ustedes que les hemos estado relatando cuentos de hadas, cuando les hemos hablado del poder de nuestro Señor Jesucristo y de su segundo advenimiento. No. Con nuestros propios ojos vimos su majestad. 17-18Estábamos con él en el monte santo cuando resplandeció con la gloria y honor de Dios el Padre. Una voz desde la imponente gloria le dijo: «Éste es mi Hijo amado; estoy muy complacido con él».

19Así comprobamos el cumplimiento de las profecías, y ustedes hacen bien en examinarlas cuidadosamente. Ellas son como antorchas que disipan la oscuridad, hasta que el día esclarezca y la estrella de la mañana brille en sus corazones. 20Ustedes deben entender esto: Ninguna profecía de las Escrituras puede ser interpretada como uno quiera, 21porque los profetas no hablaron por su propia iniciativa. Ellos hablaron de parte de Dios, y fueron inspirados por el Espíritu Santo.

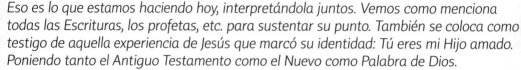

¿Por qué Pedro está tan seguro de lo que dice?

¿Qué dice acerca de la Escritura?

¿Cómo la debemos interpretar?

Eso es lo que estamos haciendo hoy, interpretándola juntos. Vemos como menciona todas las Escrituras, los profetas, etc. para sustentar su punto. También se coloca como testigo de aquella experiencia de Jesús que marcó su identidad: Tú eres mi Hijo amado. Poniendo tanto el Antiguo Testamento como el Nuevo como Palabra de Dios.

Resumamos el capítulo 1 para compartirlo con los demás.

FICHA 2

El día del Señor vendrá: 3:1 – 18.

1Amados, ésta es la segunda carta que les escribo, 2y en ambas he tratado de recordarles lo que aprendieron por medio de los santos profetas y de nosotros los apóstoles que les trajimos el mensaje de nuestro Señor y Salvador.

¿Cuál es el propósito de esta carta y la anterior (1 Pedro)?

3Antes que nada, deseo recordarles que en los últimos días vendrán burladores que vivirán de acuerdo con sus malos deseos y se mofarán, diciendo: 4«¡Conque Jesús prometió regresar! ¿Por qué no lo ha hecho ya? ¡Hasta donde podemos recordar, todo ha permanecido exactamente igual desde el primer día de la creación!»
5-6Ellos olvidan voluntariamente que Dios destruyó el mundo con un gran diluvio mucho después de crear los cielos y la tierra con una orden suya. También con su palabra había separado la tierra de los mares. 7Pero Dios ha ordenado ahora que el cielo y la tierra sean reservados para el fuego, para el día del juicio en que todos los impíos serán destruidos. 8No olviden ustedes, amados hermanos, que para el Señor un día es como mil años, y mil años como un día. 9El Señor no demora el cumplimiento de su promesa, como algunos suponen. Más bien lo que quiere es que nadie se pierda, por lo que está alargando el plazo para que todos se arrepientan.

¿Qué problema están pasando los receptores de esta carta?

Al parecer, esperaban pronto la venida del Señor, y el hecho de que no lo haya hecho les desanima.

¿Qué consejos les da Pedro?

¿Qué razón les da Pedro de que Jesús no haya vuelto aún?

10Pero el día del Señor llegará como un ladrón. En aquel día, los cielos desaparecerán en medio de un estruendo espantoso, los cuerpos celestes serán destruidos por fuego, y la tierra y lo que en ella hay desaparecerán envueltos en llamas.
11Puesto que todo esto va a suceder, ¿no deberían ustedes vivir como Dios manda y tener una conducta que nadie pueda reprochar? 12Sí, deberíamos vivir esperando la venida del día en que Dios prenderá fuego a los cielos, y los elementos se fundirán envueltos en llamas. 13Pero nosotros esperamos, según Dios ha prometido, nuevos cielos y una tierra nueva en la que morará la justicia.

Describamos según estos versículos el fin de la historia.

¿Si el fin de la historia es así, ¿a qué nos invita Pedro? v. 11-12.

El fin último será cielo nuevo y tierra nueva, así aparece también en Apocalipsis, donde habitará la justicia.

14Por eso, amados hermanos, mientras esperan ustedes el cumplimiento de estas cosas, traten de vivir sin pecado y procuren vivir en paz con Dios.
15-16Recuerden que si no ha venido todavía es porque nos está concediendo tiempo para nuestra salvación. Nuestro sabio y amado hermano Pablo ya les ha hablado de esto en muchas de sus cartas. Algunos de sus comentarios no son fáciles de entender. Por eso, los ignorantes y los inconstantes tuercen su significado (así como también el de otros pasajes de las Escrituras) con lo que se labran su propia destrucción.

¿En qué debemos esforzarnos?

¿A quién menciona Pedro? ¿Por qué? ¿Cómo llama a las cartas de la persona que menciona?

A Pablo, con el que un tiempo antes había tenido algunas diferencias, ahora lo considera un escritor nada más y nada menos que de ¡las Escrituras!

17Así que ustedes, amados hermanos, puesto que ya están apercibidos, manténganse alerta, no sea que se dejen confundir y desviar por esos perversos individuos, y pierdan su firmeza y caigan.
18Más bien, crezcan en el amor y en el conocimiento de nuestro Señor y Salvador Jesucristo.
¡A él sea dada la gloria ahora y hasta la eternidad! Amén.

? **¿Cómo termina esta carta?**

? **Resumamos el capítulo 3 en un párrafo para compartirlo con los demás.**

 El capítulo 2 habla del peligro de los falsos maestros y cómo protegernos de ello. Tengamos esto en mente para interpretar el capítulo 3. Menciónalo para que podamos entender todo el sentido de la carta.

Expongamos las dos fichas y saquemos conclusiones.

Preguntas importantes, decisiones importantes:

? **¿Cuál crees que es el tema central de 2 Pedro?**

? **¿Cómo podemos ejercer la paciencia en nuestra vida?**

? **¿Crees que estamos viviendo el fin de los tiempos? ¿Por qué?**

? **¿Cómo cambia nuestra manera de vivir si sabemos el final de la historia?**

¿Y Jesús?

Jesús es el hijo amado de Dios que volverá pronto para hacer justicia.

Decide:

Decido seguir los consejos de Dios, comportarme como Dios manda para no estar ciego en medio de las decisiones que debo tomar en la vida, añadiendo a mi fe, actos concretos que me ayuden a crecer en Él, hasta que vuelva.

🔗 Orar es una buena decisión. Tiempo y dinámica de oración para despedir.

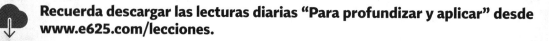 **Recuerda descargar las lecturas diarias "Para profundizar y aplicar" desde www.e625.com/lecciones.**

Lección 46 > JUDAS

Advertencias importantes

Cuando vamos en un vehículo y vemos señales de advertencia, debemos andar con cuidado. Están ahí puestas para nuestro bien, para que no descarrilemos, no suframos accidentes, y para tomemos buenas decisiones en la dirección, la velocidad que vamos a tener y dónde debemos tener cuidado. De eso se trata la carta de Judas.

Es importante advertirnos de los peligros de la vida cristiana, que ya en el siglo I se daban peor que hoy, continúan vigentes. En esta lección examinaremos algunos de ellos que propone Judas y aprenderemos a tomar buenas decisiones para evitarlos.

¿Cuál Judas?

Judas, no el traidor, sino el hermano de Jacobo escribe esta carta. Jacobo, el autor de la carta de Santiago era hermano de Jesús, así que Judas también era hermano pequeño de Jesús.

En esta ocasión vamos ir al texto y vamos a hacer preguntas directas para averiguar cuáles son los temas que trata. Hacer grupos de tres o cuatro personas para trabajarlo y luego exponerlos.

Descargar el texto desde www.e625.com/lecciones.

División y estructura

El propósito general de la carta es guardar la fe, ser constantes. Cuidar la fe entregada una vez a los santos, no esperar por la novedad ni dejarnos engañar. No diluir el mensaje y convertir nuestra libertad en libertinaje. Tenlo en cuenta en el momento de orientar a los adolescentes.

Saludo: v. 1-2.

Judas, siervo de Jesucristo y hermano de Jacobo,
a los que Dios el Padre ama y ha llamado, y a quienes Jesucristo cuida:
que Dios les dé en abundancia su misericordia, paz y amor.

¿Quién lo escribe? ¿Para quién?

Falsas doctrinas y maestros: v. 3 -16.

3Amados, me había propuesto escribirles acerca de la salvación que Dios nos ha dado; pero ahora es preciso escribirles para que luchen y defiendan con firmeza la verdad que Dios, una vez y para siempre, dio a su santo pueblo.

4Algunas personas perversas se han infiltrado entre ustedes y afirman que, como Dios es bueno, uno puede hacer lo que se le antoje, y de esa manera niegan a nuestro amo y Señor, Jesucristo. La condenación de ellos hace mucho tiempo está señalada.

¿Qué decisión los anima a tomar?

¿Qué problema hay en la comunidad?

5Aunque ustedes lo saben muy bien, quiero recordarles que el Señor rescató de Egipto a su pueblo y luego destruyó a los que no creían en él. 6Y a los ángeles que abandonaron el lugar de autoridad que Dios les había dado, ahora Dios los mantiene encadenados en prisiones de oscuridad en espera del gran día del juicio.

7Lo mismo les pasó a Sodoma, a Gomorra y a las ciudades vecinas. Por haberse entregado a toda clase de relaciones sexuales que Dios no aprueba, entre ellas las que van contra la naturaleza humana, fueron destruidas con el fuego eterno. Ahora son una advertencia para todos.

8No obstante, estas personas de quienes les hablo, por seguir sus ideas locas degradan su cuerpo, y no sólo se burlan de los que tienen autoridad sino también de los seres celestiales. 9Ni siquiera Miguel, el jefe de los ángeles, hizo algo así. Cuando peleaba con el diablo para quedarse con el cuerpo de Moisés, no se atrevió a maldecir ni a insultar al diablo, sino que le dijo: «El Señor te reprenda».

10Pero estos individuos hablan mal de lo que no conocen y, como las bestias, siguen sus instintos; y eso es lo que los destruye.

11¡Ay de ellos!, porque siguen el ejemplo de Caín, se entregan al error de Balán por ganar dinero y morirán como Coré por desobedecer a Dios.

¿Qué tres peligros nos advierte en este versículo 11?

Los tres peligros: la envidia (Caín), el interés personal (Balaam) y la rebeldía (Coré).

12Cuando estas personas asisten a las comidas fraternales de ustedes, comen y beben hasta más no poder, sin pensar en los demás. Son como nubes sin agua arrastradas por el viento. Son como árboles sin frutos en tiempo de cosecha; han sido arrancados de raíz y están totalmente muertos.

13Son como las olas del mar turbulento que arrojan a la playa la espuma de sus sucie-dades vergonzosas. Son como estrellas errantes a las que sólo les espera la más densa y eterna oscuridad.

¿Qué hacen estas personas? ¿A qué se dedican?

14Enoc, que fue el séptimo desde Adán, profetizó de ellos lo siguiente: «Miren, el Señor viene con millares y millares de ángeles 15a juzgar a todos y a reprender a los pecadores malvados, por las terribles cosas que han hecho, y las cosas que han dicho contra él». 16Estas personas son murmuradoras, nunca están satisfechas con nada; siguen siempre sus deseos egoístas y son tan arrogantes que cuando hablan bien de alguien es para sacarle algún beneficio.

¿Aún hacen más cosas? ¿Qué?

Amonestación y exhortación: 17 – 23.

17Pero ustedes, amados, recuerden lo que los apóstoles de nuestro Señor Jesucristo ya les habían advertido: 18«En los últimos tiempos vendrán burlones cuyo único propósito será deleitarse en cuanta perversidad pueda ocurrírseles.»
19Tales personas causan divisiones, se dejan llevar por sus instintos y no tienen el Espíritu Santo.
20Pero ustedes, amados míos, manténganse firmes en su santísima fe; aprendan a orar guiados por el Espíritu Santo; 21entréguense al amor de Dios y esperen el día cuando nuestro Señor Jesucristo, en su misericordia, nos dará la vida eterna.
22Tengan compasión de los que dudan; 23salven a otros, arrebatándolos del fuego. Y en cuanto a los demás, sean bondadosos con ellos, pero tengan cuidado y no se dejen arrastrar por sus pecados.

¿Qué consejos prácticos da Judas para cuidarnos de esos peligros?

¿Cómo vivir de manera práctica los versículos 22 y 23?

Doxología: 24 -25.

24-25Y ahora, que la gloria, la majestad, el imperio y la potencia sean eternamente del único Dios, Salvador nuestro por medio de Jesucristo, quien tiene poder para conservarlos sin caída y, con gran alegría, presentarlos sin tacha ante su gloriosa presencia. Amén

Anima a los adolescentes a compartir las respuestas, a añadir los peligros que ven que Judas está exponiendo, y fomenta la discusión y el diálogo en torno a si hoy podemos estar sufriendo peligros parecidos. Puedes usar las preguntas del siguiente apartado u otras. Hay algunos pasajes difíciles que quizá no comprendan como lo que se refiere a Enoc, pero por la extensión de esta lección creemos que no es conveniente abordarlo.

Preguntas importantes, decisiones importantes:

¿Cómo resumirías el tema de esta carta?

¿Crees que podemos sufrir esos peligros nosotros también hoy? ¿Cómo?

¿Qué decisiones podemos tomar para guardarnos de estos peligros?

¿Crees que es importante esta carta de advertencias? ¿Por qué?

¿Cómo crees que puede ayudarte hoy este texto?

¿Y Jesús?

Él es el que nos guarda para que no caigamos, el que nos limpia y protege, ¡nuestro hermano mayor!

Decide:

Decido guardarme de los peligros que hay en mi camino, ya sean personas o actitudes y permitir que Jesús sea el que proteja mi vida.

 Orar es una buena decisión. Tiempo y dinámica de oración para despedir.

 Recuerda descargar las lecturas diarias "Para profundizar y aplicar" desde www.e625.com/lecciones.

Lección 47 > HEBREOS

Jesús es más que todo lo demás

No hay una epístola más centrada en la persona de Jesús que Hebreos. El autor es desconocido pero por su contenido extraordinario se ganó por derecho propio el estar en el canon de las Escrituras. Es un texto tan sublime que era innegable su inspiración divina. Es el texto más depurado estilísticamente de todo el Nuevo Testamento. El resumen sería que Jesús es superior a todo, a cualquier sistema religioso, cualquier historia pasada, cualquier edificio gigante, etc. Jesús es más que suficiente para nosotros.

Los receptores de la carta a los hebreos quizá estaban siendo tentados para volver atrás viendo lo que les rodeaba, que parecía que tenía más poder que el sencillo mensaje de que Jesús es todo. El autor demostrará la superioridad de Jesús a cualquier cosa y que Él es lo único que necesitamos para avanzar en nuestra vida cristiana.

¿Cuáles son las cosas que podrían tentarnos a dejar la fe? ¿Por qué?

¿Cómo definirías qué es la fe?

División y estructura:

- Prólogo, Dios habla por el Hijo: 1:1 -4.
- El Hijo, superior a los ángeles: 1:5 - 2:18.
- El Hijo, superior a Moisés: 3:1 - 4:13.
- El Hijo, superior al sacerdocio de Aarón: 4:14 - 7:28.
- Jesús, mediador de un nuevo pacto: 8:1 - 10:18.
- Exhortación a la fidelidad y la confianza: 10:19 - 11:40.
- Puestos los ojos en Jesús: 12:1 -29.
- Vida cristiana: 13:1 – 19.
 Epílogo: 13:20 -25.

DINÁMICA DE TRABAJO.

En esta lección veremos la estructura de diversas maneras: al principio tú lo expones y luego hacemos unas dinámicas para la comprensión y finalmente volvemos a una exposición de cierre con las preguntas que siempre ponemos en las lecciones. Mucho ánimo, ¡este texto es alucinante!

Prólogo, Dios habla por el Hijo: 1:1-4.

Esta es la presentación de toda esta obra maestra, merece la pena leerlo y darse cuenta de que desde el principio nos dice que todo lo que viene después hablará de Jesús. Pero lo hará brillar con multitud de ejemplos sacados del Antiguo Testamento.

Como venimos enseñando en todas estas lecciones, la Biblia tiene un mensaje común de principio a fin. Hebreos es una muestra extraordinaria de esto. Veremos cómo el Antiguo Testamento enriquece la persona de Jesús y nuestra confianza en Él.

Veremos cómo en el texto Jesús es comparado a varias cosas, siempre poniéndose por encima o perfeccionándolo. El autor nos demostrará que todo apuntaba a Jesús y luego nos animará a poner nuestra confianza, nuestra fe en Él y no volver atrás.

Para eso descargamos la ficha para los equipos y estudiamos la estructura de hebreos de acuerdo al esquema planteado.

Descargar ficha desde www.e625.com/lecciones (son dos fichas, una para esta dinámica y la otra para la siguiente).

Por equipos de tres o cuatro personas deben completar el diagrama planteado usando las distintas secciones del texto de Hebreos. Recomendamos que tengan sus Biblias de papel para poder hacerlo.

JESÚS, EL HIJO

Recuadro 1: el Hijo, superior a los ángeles - 1:5 - 2:18.
Jesús es sumo sacerdote - 2:17-18.
¿Por qué es poderoso para socorrernos?

Recuadro 2: el Hijo, superior a Moisés - 3:1 - 4:13.
Y el cumplimiento del día de reposo - 4:8-11.
¿Cuál es la función de la palabra de Dios? - 4:12-14.

Recuadro 3: el Hijo, superior al sacerdocio de Aarón - (5:10) 4:14 - 7:28.
Jesús es sumo sacerdote 4:14-16.
¿Por qué puede compadecerse de nosotros?

Recuadro 4: Jesús, mediador de un nuevo pacto (9:15) - 8:1 - 10:18.
¿Cuál es el punto principal de todo hebreos? (8:1)
¿Qué pacto hace Dios con nosotros por medio de Jesús? 10:15-17.

Comenta hasta aquí la estructura. Esta sería a grandes rasgos la parte teórica o el fundamento que el autor quiere exponer.

¿Cómo resumirías hasta aquí la carta a los Hebreos?

Que contesten a viva voz. Aquí deberíamos ir por la mitad de la sesión.

Exhortación a la fidelidad y la confianza: 10:19 - 11:40.

A partir de aquí el autor nos pide una respuesta.

¿Qué debemos hacer, de manera práctica, si Jesús es lo que hemos visto en todos los apartados anteriores? 10:19-24.

 Los ejemplos de fe del Antiguo Testamento.

Usando como base Hebreos 11 que elijan 4 personajes de los que aparecen y digan qué consiguieron por la fe en Dios. Que completen la ficha y contesten a las preguntas. Pueden trabajar con los mismos grupos que formaron antes.

 Usar la segunda ficha descargada.

¿Cómo definirías con tus palabras qué es la fe o confianza en Dios?
Personajes (elige tres de Hebreos 11 y responde a las preguntas): ¿Qué hicieron? ¿En qué libro de la Biblia aparecen?

1.

2.

3.

4.

Leamos Hebreos 11:33 – 40.

¿Qué aprendemos de este texto?
La idea es transmitir las dos caras de la fe. Confiar en Dios no significa que todo nos irá bien. Nuestras decisiones deben estar basadas en nuestra fe en Dios, pero eso no significa que todo va a ir siempre de color de rosa. Vemos ejemplos en este texto de gente que dio su vida por la fe en Dios. ¿Estamos nosotros dispuestos a hacerlo?

Que compartan al resto de grupo algunos de los personajes que han puesto en la ficha. Maneja el tiempo de acuerdo al tiempo que nos quede para la sesión.

Puestos los ojos en Jesús: 12:1 -29.

Leamos 12:1- 2.

Después de todo lo visto, el autor vuelve a poner nuestra atención en el tema central: Jesús, y nos anima a continuar y no tirar la toalla. En medio de cualquier circunstancia, mirémoslo a Él. Es la mejor decisión que podemos tomar. Si dejamos de mirarlo, puede pasarnos como Pedro cuando salió de la barca, y las circunstancias nos hundirán. No miremos la tormenta, ni las olas, ni los vientos, fijémonos siempre en Él y continuemos.

Vida cristiana: 13:1 – 19.

Aquí aparecen consejos muy prácticos y concretos.

Puedes compartir alguno si da tiempo como: 13:2, 5, 7, 15, 17, 18

Epílogo: 13:20 -25.

Termina con una bendición y saludos.

Preguntas importantes, decisiones importantes:

¿Cómo resumirías el tema que expone Hebreos?
¿Qué es lo que más te ha llamado la atención?
¿Cómo te ayuda esto en tu día a día?

¿Y Jesús?

Jesús es el sumo sacerdote definitivo, es la revelación de Dios mediante la que nos habla. Es superior a todo y no necesitamos nada más para conocer a Dios y vivir la vida plenamente; es el autor y el consumador de nuestra fe.

Decide:

Decido colocar a Jesús en el lugar que se merece en mi vida, por encima de todo, en el centro de todo y no dudar de Él, ni poner mi confianza en mí mismo u otras cosas que puedan distraerme del camino de Jesús, porque Él es superior a todo.

 Orar es una buena decisión. Tiempo y dinámica de oración para despedir.

 Recuerda descargar las lecturas diarias "Para profundizar y aplicar" desde www.e625.com/lecciones.

El apóstol del amor nos dejó esta increíble epístola para no olvidar lo esencial. Muchas veces sumamos muchas ideas al evangelio, muchos proyectos e iniciativas. Añadimos conceptos que pueden estar bien pero que también pueden hacernos olvidar la esencia, el centro de nuestro mensaje. Juan querrá recuperarlo a través de esta carta. Nos centrará en los mandamientos más importantes, en el ADN de Jesús. Esta primera carta es el inicio de una trilogía, pero las otras dos son mucho más breves y van directamente a tratar el asunto concreto para el que fueron escritas.

¿Cómo es Dios?

La idea es ver lo que la gente piensa de cómo es Dios para ir llevando a los adolescentes al concepto de que "Dios es amor" como idea central.

En este caso, 1 Juan ahonda mucho más en los principios que Jesús enseñó. Es una carta que ha inspirado a muchos creyentes a seguir creyendo en esa verdad que dice 1 Juan 4:8: "Dios es amor".

Veremos cómo Juan en esta carta, que parece más un discurso teológico que una carta (pues no aparece el autor ni el destinatario, ni saludos ni despedida), tratará varios temas desde distintos ángulos, repitiendo algunas ideas que considera fundamentales. También deduciremos que esta carta es una respuesta para algunos problemas que estaban surgiendo con lo que él llama los "anticristos". Una de la cosas que más ataca a la fe es la desunión y la falta de comunión unos con otros. Así mismo, una de las cosas más evidentes de la obra de Dios en nuestras vidas es el amor de los unos con los otros.

Será un texto lleno de ternura, usando palabras como "hijitos", "amados", pero eso no quiere decir que no nos enseñará verdades importantísimas y firmes para el buen desarrollo de nuestra fe.

Cuando hay una discusión entre nosotros, ¿cómo la manejamos? Por ejemplo una pelea con un amig@ o cuando no estamos de acuerdo con alguien. ¿Cómo debemos resolver nuestros conflictos?

¿Qué dicen nuestras reacciones con los demás acerca de nuestra fe en Dios? ¿Cuáles son las mejores decisiones que podemos tomar cuando hay conflictos entre nosotros?

Remarcaremos que las relaciones personales son importantes para la espiritualidad. 1 Juan 2:9-11.

Para estudiar la estructura de 1 Juan haremos tres grupos para observar los tres desarrollos temáticos en los que está dividida la carta. Así veremos cuáles son sus temas principales y lo Juan que quiere que aprendamos. Cada equipo trabajará por separado con las fichas descargadas desde **www.e625.com/lecciones** y contestando a las preguntas que se plantean.

Descargar las tres fichas en www.e625.com/lecciones.

Aquí exponemos la estructura general, veremos cómo hay conceptos que se repiten en los tres apartados centrales.

División y estructura

- *Prólogo: 1:1-4.*
- *Primer desarrollo temático: 1:5 - 2:29.*
- *Segundo desarrollo temático: 3:1 - 4:6.*
- *Tercer desarrollo temático: 4:7 - 5:12.*
- *Epílogo: 5:13 – 21.*

FICHAS PARA DESCARGAR:

Ficha 1
Primer desarrollo temático: 1:5 - 2:29.

1:5 - 1

¿Cuál es la idea principal en este apartado?

¿Cómo se asocia aquí la relación "unos con otros" con la espiritualidad?

2:1 - 11

¿Cuál es la idea principal en este apartado?

¿Cómo se asocia aquí la relación "unos con otros" con la espiritualidad?
2:12 - 17

¿Qué consejos encontramos en esta sección?

2:18 – 29

¿Cuál es el problema que denuncia Juan?

¿Qué consejo les da? ¿Qué decisiones deben tomar?

Resumamos en un párrafo qué nos dice todo este desarrollo temático y qué cosas prácticas nos anima a hacer. Luego lo compartiremos con los otros grupos.

Ficha 2
Segundo desarrollo temático: 3:1 - 4:6.

3:1 - 12

¿Qué dice del pecado esta sección?

¿Cómo se asocia aquí la relación "unos con otros" con la espiritualidad?

3:13 - 24

¿Cuál es el tema que trata esta sección?

¿Cómo se asocia aquí la relación "unos con otros" con la espiritualidad?

4:1 - 6

¿Cuál es el problema que denuncia Juan?

¿Qué consejo les da? ¿Qué decisiones deben tomar?

Resumamos en un párrafo qué nos dice todo este desarrollo temático y qué cosas prácticas nos anima a hacer. Luego lo compartiremos con los otros grupos.

Ficha 3
Tercer desarrollo temático: 4:7 - 5:12.

4:7 – 21

¿Cuál es el tema que trata esta sección?

¿Cómo se asocia aquí la relación "unos con otros" con la espiritualidad?

5:1 -11

¿Qué dice esta sección acerca de Jesús?

¿Por qué crees que Juan insiste tanto en amar a los hermanos? ¿Crees que puede haber algún problema que quiere tratar para los destinatarios de la carta?

Resumamos en un párrafo qué nos dice todo este desarrollo temático y qué cosas prácticas nos anima a hacer. Luego lo compartiremos con los otros grupos.

Al final de la dinámica, a la que podrían dedicar unos veinte minutos, deben compartir con el resto de los adolescentes las conclusiones a la que han llegado.

¿A qué conclusiones nos lleva esta dinámica? ¿Ven similitudes en las distintas secciones? ¿Cuáles?

¿Por qué Juan repite los conceptos? ¿Cuál crees que es su intención?

En esta carta vemos que amar al prójimo es fundamental y que la espiritualidad individualista, de solo yo, no encaja con lo que Juan quiere enseñar. Constantemente, en las tres secciones hace énfasis en que el amor a Dios y al hermano están íntimamente relacionados.

Debemos anclar bien este concepto en esta lección. Es la intención de Juan y el énfasis durante todo el texto.

La epístola termina diciéndonos el propósito de por qué la escribe.

Leamos 1 juan 5:13

¿Cuál es ese propósito?

Preguntas importantes, decisiones importantes:

¿Qué decisiones debemos tomar con respecto a nuestra espiritualidad de acuerdo a esta epístola?

¿Crees que hay algo que debes corregir hoy para cumplir con lo que esta carta enseña? Tómate un momento para pensarlo.

¿Qué es lo que más te ha llamado la atención de esta epístola?

¿Ves diferencias en el estilo y la estructura con respecto a las cartas de Pablo? ¿Cuáles?

¿Y Jesús?

Dios es amor y Jesús, su persona y lo que hizo por nosotros es la mayor expresión del amor de Dios.

Decide:

Decido vivir una espiritualidad donde los demás forman parte activa, donde no solo vivo para amar a Dios, sino también a los demás, cuidándome de aquellos que promueven el egoísmo. Decido cuidar de mis hermanos y dejar que otros cuiden de mí.

Orar es una buena decisión. Tiempo y dinámica de oración para despedir.

Recuerda descargar las lecturas diarias "Para profundizar y aplicar" desde www.e625.com/lecciones.

Lección 49 > 2 Y 3 JUAN

Cartas cortas pero efectivas

Nos encontramos con dos cartas muy breves de Juan, el anciano, alguien muy reconocido en las iglesias. Su énfasis está puesto como siempre en el amor, ese es el eje central del mensaje. En estas epístolas lanza ideas muy concretas a situaciones concretas, siempre con la esencia del evangelio por delante. Aprenderemos a no perder de vista la enseñanza de Jesús en medio de nuestra vida en comunidad.

División y estructura

Dos equipos, uno para cada carta. Trabajar sobre el texto. Al final de la lección compartir las conclusiones entre los dos grupos.

Descarga en www.e625.com/lecciones material complementario para esta sección.

2 JUAN

1El anciano,

a la comunidad que Dios ha elegido y a sus miembros:

Los amo de veras, no sólo yo sino todos los que conocen la verdad. 2Esto es así a causa de la verdad que está y permanecerá en nosotros para siempre. 3¡Que la gracia, misericordia y paz de Dios el Padre y de Jesucristo su Hijo estén con ustedes en verdad y en amor! 4Me siento feliz de haber encontrado que algunos de ustedes viven de acuerdo con la verdad tal como el Padre nos mandó. 5Y ahora, amados hermanos, les ruego que nos amemos unos a otros. Este mandamiento no es nuevo, es el mandamiento que Dios nos dio desde un principio. 6Si amamos a Dios, debemos obedecerlo en todo. Desde el principio nos ordenó que siempre nos amáramos. 7Por el mundo andan muchos engañadores que no creen que Jesucristo vino a la tierra como un verdadero hombre. El que dice esto es el engañador y el anticristo. 8Cuiden que no se pierda el fruto de nuestro trabajo, a fin de que ustedes reciban íntegramente el galardón. 9Todo el que se aparta de las enseñanzas de Cristo, también se aparta de Dios. El que permanece fiel a las enseñanzas, tiene al Padre y al Hijo. 10Si alguien los viene a visitar y no cree en las enseñanzas de Cristo, no lo inviten a su casa ni le den la bienvenida. 11Si lo hacen, ustedes estarán participando de sus malas obras.

12Quisiera decirles muchas cosas más, pero no quiero hacerlo por carta; espero ir pronto a verlos y hablar con ustedes cara a cara, para que nuestra alegría sea completa.
13Los hijos de tu hermana, otra hija elegida de Dios, te envían saludos.
Sinceramente, Juan.

3 JUAN

1El anciano,

al amado Gayo, a quien ama de veras.

2Querido hermano, ruego a Dios que en todo te vaya bien y que tu cuerpo esté tan saludable como lo está tu alma. 3He tenido la alegría de enterarme, por medio de algunos hermanos que vinieron, de que vives fiel a la verdad. 4Para mí no hay mayor alegría que la de oír que mis hijos viven de acuerdo con la verdad. 5Amado hermano, haces muy bien al ayudar a los hermanos y en especial a los que llegan de otras tierras. 6Ellos han hablado delante de la iglesia de tu amor. Me agradaría que los ayudes a seguir su viaje, como Dios manda. 7Ellos viajan al servicio del Señor y no han aceptado ningún tipo de ayuda de los que no conocen a Dios. 8Por eso, nosotros debemos ayudarlos, porque al hacerlo colaboramos con ellos en la verdad. 9Hace un tiempo escribí a la iglesia sobre este asunto, pero Diótrefes, a quien le encanta ser el primero en todo, no reconoce la autoridad que tengo. 10Por eso, cuando yo vaya, le voy a llamar la atención por su mala conducta y por los chismes y las cosas malas que anda diciendo de nosotros. No sólo se niega a recibir a los hermanos que por allí pasan, sino que prohíbe que los demás lo hagan, amenazándolos con expulsarlos de la iglesia. 11Amado, no imites los malos ejemplos. Imita sólo lo bueno. El que hace lo bueno es de Dios; el que hace el mal no ha visto a Dios.
12Todos, y aun la verdad misma, hablan bien de Demetrio. Yo opino de él igual que los demás, y ya sabes que digo la verdad.
13Tengo muchas cosas más que decirte, pero no quiero hacerlo por carta.
14Espero verte pronto y entonces hablaremos en persona.

15Todos los amigos que tienes en este lugar te envían muchos saludos. Dale por favor mis saludos a todos los hermanos de por allá.
Con cariño fraternal, Juan.

Recuerda supervisar su trabajo, alentarlos y si ves que están bloqueados guiarlos en el estudio y recordarles que estamos en un ambiente de confianza para crecer en nuestro conocimiento bíblico.

2 JUAN

Saludo: 1 -3.

¿A quién va dirigida la carta?

A la comunidad elegida por Dios, la iglesia, y a sus miembros.

Caminar en la verdad y el amor: v. 4 -6.

¿Qué dos conceptos presenta Juan como centrales? ¿Por qué?

¿Qué relación tienen estos dos conceptos?

Si tienes pizarra puedes hacer un diagrama explicando la conexión mutua que presenta este texto entre la verdad (los mandamientos) y el amor. Una relación circular expresada en el versículo 6.

Las mejores decisiones se basan en estos dos conceptos, la verdad y el amor.

La una sin la otra pueden ser muy peligrosas. Hay personas que con "la verdad por delante" hacen daño a la gente y otros que parece que usan el amor como excusa para no decir nada, o basan su amor solo en buenos sentimientos pero no en acciones concretas.

Amar es un verbo, implica acción y debe estar basada no en quimeras, sino en realidades, en la verdad.

Responder a los impostores: v. 7 – 11.

¿Qué peligros acechan a esta iglesia? ¿Cómo deben evitarlos?

La encarnación de Jesús es fundamental en la vida del cristiano. Dios nos amó basado en la verdad, de manera real, no simplemente como una fantasía. Aquí vemos cómo la doctrina conocida como gnosticismo, que hemos visto en otras lecciones, también estaba acechando a esta iglesia. Era muy teórica pero sin una práctica del amor real.

¿Crees que hoy corremos ese peligro? ¿De qué maneras?

Saludo final: v. 12-13.

¿Qué aprendemos de esta conclusión?

Hay muchas cosas que debía decir cara a cara, no simplemente por escrito. Nada puede sustituir un encuentro personal. En la carta escribió lo fundamental, lo central, aunque había otras cosas que tratar. ¡No todo lo que ocurrió en la iglesia primitiva está en la Biblia!

Resumamos la carta en un breve párrafo.

3 JUAN

Saludo a Gayo: v. 1 -4.

¿A quién va dirigida la carta? Quizá es el mismo Gayo que aparece en los siguientes textos. Veamos si tiene sentido. Leamos Romanos 16:23, Hechos 19:29, 1 Corintios 1:14 y saquemos conclusiones de quién era él.

¿Qué características extraemos de este saludo de cómo era Gayo?

Conducta de Gayo: v. 5 – 8.

Haz una lista de las características que Juan elogia de Gayo en este apartado.

Hospitalario, amoroso, acogedor, toma la iniciativa para servir a otros aunque no los conozca, no es selectivo, cooperador.

Oposición de Diótrefes: v. 9-10.

Haz una lista de las características de Diótrefes.

Quiere los primeros lugares, no es hospitalario, habla malas palabras, es autoritario.

Aquí vemos dos ejemplos, un buen ejemplo y un contraejemplo, donde aprendemos cómo actuar y cómo no.

Buen testimonio de Demetrio: v. 11:12.

¿Qué consejo le da Juan es en este apartado?

¿Quién podría ser Demetrio?

Es posible que fuera el portador de la carta, al que debían acoger. Quizá Juan espera que Gayo lo haga, al contrario que Diótrefes, así la carta cobra más sentido, ¿no?

Saludo final: v. 13, 14.

¿Qué aprendemos de esta conclusión?
Hay muchas cosas que debía decir cara a cara, no simplemente por escrito. Nada puede sustituir un encuentro personal. En la carta escribió lo fundamental, lo central, aunque había otra cosas que tratar. ¡No todo lo que ocurrió en la iglesia primitiva está en la Biblia!

 Resumamos la carta en un breve párrafo. Versículos ancla. Narro la historia y pongo textos donde se decide.

 Son finales muy parecidos.
Después de la exposición de cada carta hacer las siguientes preguntas a todo el grupo:

Preguntas importantes, decisiones importantes:

 ¿Qué cosas tienen en común estas dos epístolas?

 ¿Qué aprendemos de ellas?

 ¿Cuál de las dos te gusta más? ¿Por qué?

¿Y Jesús?
Él es la verdad y el amor, es quien nos enseña a amarnos unos a otros como centro de la vida en comunidad.

Decide:
Decido vivir con la verdad y acorde a Dios expresado en un vida en comunidad, siendo hospitalario y practicando el amor de forma real y auténtica.

 Orar es una buena decisión. Tiempo y dinámica de oración para despedir.

 Recuerda descargar las lecturas diarias "Para profundizar y aplicar" desde www.e625.com/lecciones.

Lección 50 > APOCALIPSIS

El último libro: epístola, profecía y revelación. ¡Una obra maestra!

En griego significa revelación. Esta es la primera palabra que aparece en este texto. Fue escrito por un tal Juan y es un libro extraordinario. En él se presenta el evangelio de maneras creativas, dirigido a siete iglesias que están viviendo diversas circunstancias, desde persecución externa hasta desánimo interno, pero apunta a mucho más allá de su presente.

Desde la esperanza de la resurrección apunta a un futuro glorioso donde se cumplirán todas las promesas de Dios. Es desde ese futuro que los creyentes debemos vivir y tomar decisiones sabias, conociendo el final.

La literatura apocalíptica no es exclusiva de este libro. Era un género común bajo la opresión política que utilizaba imágenes creativas para hablar de situaciones presentes, pero en códigos que pudieran entender solo los destinatarios. Así, bajo el imperio romano, era común encontrar este tipo de textos. Pero esta obra maestra no es solo un libro apocalíptico, también es profético y también es una epístola. Y cómo no, es un libro que habla de principio a fin del evangelio, donde el gran protagonista es Jesús, el que era, el que es y el que ha de venir.

Cuando escuchas la palabra "apocalipsis", ¿qué es lo primero que viene a tu mente?

Recordemos que este libro se escribió para creyentes, no para infundirles miedo, sino todo lo contrario, para darles esperanza en aquel que va a volver y hará justicia.

No queremos que esta sesión se convierta en "amarillismo cristiano" lleno de conjeturas acerca de su venida. El mensaje central es la esperanza que evoca, y en momentos de dificultad este libro ha sido ancla y asidero para cristianos en todas las épocas y lugares hasta el día de hoy.

División y estructura

-Prólogo: 1: 1- 8.
- El Hijo del hombre y las iglesias: 1:9 – 20.
- Carta a las siete iglesias: 2:1 -3:22.

Se deben formar siete equipos, de dos o tres personas. Si no hay suficientes en el grupo para cubrir las siete cartas, hagan equipos de dos hasta llegar a tres o cuatro iglesias, y tú como responsable explicarás brevemente el resto.

Todos deben responder a las siguientes preguntas, dedicar unos diez o quince minutos en leer, estudiar la carta, y responder a las preguntas para después exponer la situación de esa iglesia y lo que Dios le propone, es decir, las decisiones que deben tomar a partir de ahora.

 Descargar la carta desde www.e625.com/lecciones.

Preguntas:

1. ¿Cómo se describe el que la escribe?
2. ¿Cómo describe a la Iglesia? ¿Qué puntos fuertes y débiles tiene? ¿Qué cosas positivas y negativas?
3. ¿Qué les anima a hacer?
4. ¿Cuál será la consecuencia para el vencedor, para el que lo consiga?

Éfeso: 2:1 -7.
Esmirna: 2:8 -11.
Pérgamo: 2:12 -17.
Tiatira: 2:18 -29.
Sardis: 3:1 – 6.
Filadelfia: 3:7 -13.
Laodicea: 3:14 – 22.

 ¿Cómo aplicamos estas cartas a nuestra vida hoy? ¿Nos vemos reflejados a nosotros o a otros en estas cartas? ¿Por qué?

El trono celestial, el rollo y el Cordero: 4:1 - 5:14.

Después de estas cartas Juan nos presenta un paisaje celestial, lleno de música, de imágenes de adoración, de un Cordero, un rollo y símbolos que nos ayudan de manera muy gráfica a entender hacia dónde apunta la historia.

 Decide, según el tiempo que te queda, si quieres profundizar en este pasaje o pasar a la siguiente sección. Si leemos este texto nos damos cuenta de que nuevamente hay muchas canciones y poesía:

4:8, 11; 5:9, 10, 12, 13.

¿Qué nos dice acerca de cómo será el fin?

Vemos que el gran protagonista es siempre Jesús, que desde Génesis a Apocalipsis es el Señor de la historia. El alfa y la omega.

Mapa de las siete iglesias de Apocalipsis
Descarga en www.e625.com/lecciones material complementario para esta sección.

Después de este apartado comienza una serie de imágenes, muchas de ellas en torno al número 7 que hablan del fin de los tiempos de maneras muy visuales, plásticas y evocadoras.

Es sin lugar a dudas, un libro difícil de interpretar; se ha escrito muchísimo acerca de él, pero aun así nos es muy útil. Para entender sus imágenes hay que tener un buen conocimiento del Antiguo Testamento, del Nuevo, del contexto histórico donde se escribió, de la intención del autor y muchas cosas más. En esta sesión no será posible abordarlo todo. Pero la Biblia es así, alumbra al sencillo pero tiene a sabios estudiándola durante años, ¿no es genial?

División y estructura - 2ª parte

- Los siete sellos: 6:1 - 8:1.
- Las siete trompetas: 8:2 - 11:19.
- Siete señales: 12:1 - 14:20.
- Siete copas: 15:1 - 19:5.
- El retorno del rey de reyes: 19:6 - 20:15.
- Cielo nuevo y tierra nueva: 21:1 - 22:5.
- Conclusión: 22:6 – 21.

El fin de todas las cosas, el sueño de Dios.

Centrémonos en el final de toda la historia… ¡toda!

Apocalipsis 21:1 -22:21
Debemos vivir de acuerdo al final de la historia para tomar buenas decisiones. Muchos de nosotros queremos cumplir nuestros sueños, pero, ¿te has planteado cumplir los sueños de Dios? ¿Hacia dónde está apuntando Dios?¿Cuál es su voluntad final?

Vamos a leer cómo es el final de la historia que Dios quiere:

Leamos Apocalipsis 21:1-7.

¿Qué nos dice este texto?

La historia no termina yéndonos de este planeta sino que, de alguna manera, esta tierra se convierte en su cielo, en su reino, y Él estará entre nosotros.

Vemos que acabará con el dolor, que hará nuevas todas las cosas, que no habrá muerte, ni llanto, ni dolor. Ese es el sueño de Dios.

Pero hay más:

Leamos Apocalipsis 21:22 - 22:5.

¿Qué características tiene la nueva Jerusalén?

Que respondan en voz alta.

Vemos que no habrá templo porque Dios es nuestro templo, en el vivimos. Es una ciudad en donde estará el árbol de la vida.

¿De dónde recuerdas ese árbol?

Exacto, del jardín del Edén. Ahora ya no está en medio del jardín sino en medio de la ciudad. La creación ha avanzado y allí habitaremos. El Señor ha restaurado todas las cosas y de principio a fin todo tiene sentido.

¿No es increíble cómo la Biblia cierra la historia en el mismo lugar donde empezó?

Atrás ha quedado ese árbol del conocimiento del bien y del mal, donde cada uno tomaba las decisiones independientemente de Dios. Él nos hace verdaderamente libres y nos da acceso otra vez a su presencia, cara a cara.

Conociendo todo este final, ¿qué podemos decidir hacer nosotros hoy para cumplir el sueño de Dios? ¿Cuál es nuestra parte en su plan? El final es brillante:

Apocalipsis 22:20- 21:

> 20El que anuncia estas cosas dice: «Les aseguro que vengo pronto».
> ¡Así sea! ¡Ven, Señor Jesús!
> 21Que el amor del Señor Jesús los acompañe siempre.

Él está volviendo, y en base a eso está puesta nuestra esperanza. Debemos seguir esperándolo con fe y decir como aquellos primeros cristianos: ¡Ven, Señor Jesús!

Preguntas importantes, decisiones importantes:

¿Qué es lo que más te ha sorprendido del libro de Apocalipsis?

¿Crees que el mensaje a las siete iglesias es también para nosotros hoy? ¿Por qué?

¿Para qué crees que el libro de Apocalipsis sería útil para ti hoy en tus decisiones cotidianas?

¿Y Jesús?

Jesús es el Cordero digno de abrir los sellos, es el Alfa y la Omega, es el Rey de reyes y Señor de señores, el Fiel y Verdadero, el que era, el que es y el que ha de venir, el Todopoderoso, el que cumple sus promesas y al que apunta toda la historia de la humanidad, incluida nuestra propia historia.

Decide:

Decido vivir en la esperanza que Apocalipsis me revela para cumplir el sueño de Dios de traer su reino a esta tierra, sin desanimarme por las circunstancias presentes, sabiendo que Él va a volver.

Orar es una buena decisión. Tiempo y dinámica de oración para despedir.

Recuerda descargar las lecturas diarias "Para profundizar y aplicar" desde www.e625.com/lecciones.

ALGUNAS PREGUNTAS QUE DEBES RESPONDER:

¿QUIÉN ESTÁ DETRÁS DE ESTE LIBRO?

Especialidades 625 es un equipo de pastores y siervos de distintos países, distintas denominaciones, distintos tamaños y estilos de iglesia que amamos a Cristo y a las nuevas generaciones.

e625.com

¿DE QUÉ SE TRATA E625.COM?

Nuestra pasión es ayudar a las familias y a las iglesias en Iberoamérica a encontrar buenos materiales y recursos para el discipulado de las nuevas generaciones y por eso nuestra página web sirve a padres, pastores, maestros y líderes en general los 365 días del año a través de **www.e625.com** con recursos gratis.

zona de contenido
PREMIUM

¿QUÉ ES EL SERVICIO PREMIUM?

Además de reflexiones y materiales cortos gratis, tenemos un servicio de lecciones, series, investigaciones, libros online y recursos audiovisuales para facilitar tu tarea. Tu iglesia puede acceder con una suscripción mensual a este servicio por congregación que les permite a todos los líderes de una iglesia local, descargar materiales para compartir en equipo y hacer las copias necesarias que encuentren pertinentes para las distintas actividades de la congregación o sus familias.

¿PUEDO EQUIPARME CON USTEDES?

Sería un privilegio ayudarte y con ese objetivo existen nuestros eventos y nuestras posibilidades de educación formal. Visita **www.e625.com/Eventos** para enterarte de nuestros seminarios y convocatorias e ingresa a **www.institutoE625.com** para conocer los cursos online que ofrece el Instituto E 6.25

¿QUIERES ACTUALIZACIÓN CONTINUA?

Regístrate ya mismo a los updates de **e625.com** según sea tu arena de trabajo: Niños- Preadolescentes- Adolescentes- Jóvenes.

¡APRENDAMOS JUNTOS!

e625.com   f ✕ ⊙ ▶ /e625com

CAPACITACIÓN MINISTERIAL
ONLINE DE PRIMER NIVEL

CONOCE TU CAMPUS ONLINE

www.institutoE625.com

Sé parte de la mayor
COMunidad de
educadores cristianos

Sigue en todas tus redes a
 /e625COM

INSTITUTO
e625

Educación online
www.institutoe625.com

**Libros
Online**

**e625 Escuela
de LiderazGO**
GENERACIONAL Y COACHING

Revista
Líder 625

CONOCÉ TU NUEVO
CAMPUS ONLINE
www.institutoE625.com

Tienda con envíos
internacionales

Suscripción de
materiales premium
para iglesias

www.e625.com te ofrece
recursos gratis

Seminarios para
iglesias locales

Eventos de
actualización
ministerial

Chat en
tiempo real

E625 te ayuda todo el año